www.tredition.de

AF204410

Erhard Kaupp, 1957 geboren in Überlingen am Bodensee, hängte mit 35 Jahren seinen Beamtenjob an den Nagel, um fast 10 Jahre lang im südlichen Afrika neue Erfahrungen zu sammeln. Wieder zurück in der alten Heimat, wurde ihm der Wiedereinstieg nicht leichtgemacht und so hangelte er sich gezwungenermaßen von Job zu Job, bis er nach einer Umschulung als LKW-Fahrer seinen Traumjob fand. Bis ein unvorhergesehener, gesundheitlicher Einschnitt in den beruflichen Alltag ihn derart ausbremste, dass damit von heute auf morgen Schluss war.

© 2016 Erhard Kaupp
Text & Illustration
Korrektur: Volker Müller

2. Ausgabe
Verlag: tredition GmbH, Hamburg

ISBN
978-3-7439-3064-3   (Paperback)
978-3-7439-3065-0   (Hardcover)
978-3-7439-3066-7 (e-Book)

Printed in Germany

Erhard Kaupp

BEINAHE

Mit Vollgas in die Depression

Inhaltsverzeichnis

Vorwort

Die von meinem Hausarzt festgestellte Diagnose lautete: **Depression**. Das hatte mich sozusagen erst einmal vom Sockel gehauen. Depression, allein schon dieses Wort einer Krankheit, an der mehr Menschen erkrankt sind als bekannt. „Ich bin also jetzt auch einer von denen, die nicht mehr ganz normal sind – da oben!" und denke sofort an den ganzen Psychokram, von dem ich viel, aber eigentlich nichts Genaues, gehört habe.

Mit dieser autobiografischen Erzählung möchte ich in leicht verständlicher Umgangssprache all denen etwas von diesen Ängsten nehmen, die genauso wie ich zum ersten Mal mit dem Wort „Depression" konfrontiert wurden oder werden. Für ein besseres Verständnis kann ich nur Beispiele aus meiner Situation mit einbringen, die symbolisch ebenso für alle anderen Berufssparten stehen können. Da eine durch Alltagsstress verursachte Depression laut meines Psychologen zu den „leichteren" Arten dieser Krankheit gehört, ist der Heilungserfolg recht hoch. Voraussetzung ist, man setzt sich mit dem Thema intensiv auseinander, dass man selbst aktiv mitarbeitet und vor allem, sich ihr ohne falsche Scham entgegenstellt.

Ich bin stolz

Es ging mir all die Jahre blendend. Ein Beruf der mir Freude machte, der mich ausfüllte und mit den nötigen finanziellen Mitteln versorgte, ohne die es einfach nicht geht. Eine tolle Familie, die hinter mir steht, und einen Lebensstandard, der uns mit offensichtlich innerer Zufriedenheit erfüllte. Früh morgens gut gelaunt aus dem Haus gegangen, und anschließend freudig motiviert zur Arbeit gefahren. Mit netten und auch weniger netten Menschen am Arbeitsplatz den Tag verlebt, die gesetzlich vorgeschriebenen Arbeitspausen ausgenutzt, um dann abends, nach der vom Betrieb geforderten Arbeitszeit, nach Hause zu kommen und mit der Familie den Rest des Tages in Harmonie zu verbringen.

Ich bin stolz darauf, tief im Innersten erfüllt, wenn auch körperlich müde, abends mit den Gedanken ins Bett zu fallen, heute wieder etwas in meinem Leben geschafft zu haben, was meinem eigenen Wertgefühl entgegenkommt.

Stolz darauf, als ein kleines, aber durchaus starkes Glied in der Kette, die unsere Wirtschaft am Laufen hält, die Spannung gehalten zu haben. Und das ohne zu reißen.

Stolz darauf, seinen Arbeitgeber so zufrieden zu stellen, dass auch er wiederum Stolz auf mich sein kann.

Stolz darauf, trotz körperlicher Anstrengung im Beruf, für meine Frau die ich über alles liebe abends noch die starke Schulter zu sein. Für sie da zu sein, weil sie es am Arbeitsplatz heute dank allgegenwärtiger Rationalisierungen und Einsparungen auch nicht leicht hatte. Aber ebenfalls ein Recht hat, sich nach getaner Arbeit auch erst mal bei jemandem auszukotzen, den seelischen Reset-Knopf zu drücken, um danach ihre „Batterien" wieder neu aufzuladen.

Stolz darauf, in der Familie gebraucht zu werden, und sich mit einzubringen. Auch wenn es nur um

Kleinigkeiten gehen sollte. Wie vielleicht mal seine Hemden zu bügeln. Oder vielleicht mal mit dem Staublappen durch die Wohnung zu laufen, und sich vom Staubsauger verfolgen zu lassen.

Stolz darauf, meiner Frau wieder etwas von dem zurückzugeben, was viele Menschen für allzu selbstverständlich halten. Nicht nur: Mann arbeitet, Frau auch, und kümmert sich ganz selbstverständlich noch um den Rest der Familie, mit all dem was dazu gehört.

Stolz darauf, zuzusehen und mit erleben zu können, wie der Enkel nach dem ersten Lebensjahr anfängt die ersten wackligen Gehversuche zu unternehmen. Und mit seinem kleinen Mund versucht, die ersten Worte zu formen, wie Pizza, Batz und dada, und damit Mama, Papa, und den Rest der Familie dazu animiert, sich köstlich darüber zu amüsieren. Wie schön und unbefangen sind doch der Kinder Jahre, die viel zu schnell vorübergehen, und die man so nie mehr zurückholen kann.

Wie ich einmal in einer Zeitschrift gelesen habe, sollte der ideale Tagesablauf aufgeteilt sein in acht Stunden Arbeit, acht Stunden Freizeit und acht Stunden schlafen. Ha – graue Theorie, denn bei mir hat das schon seit langem nicht mehr so hingehauen. Bis eines Tages genau das passierte, was mich in die heutige Situation brachte.

Alltagsstress, der mich in die von Ärzten diagnostizierte Depression getrieben hat. Hinterhältig und schleichend. Weil ich nicht damit umgehen konnte, meinem Körper genügend Aufmerksamkeit zu schenken. Die ersten Anzeichen nicht zu deuten wusste, weil die Ablenkung durch den täglichen Stress am Arbeitsplatz stärker war, und für innerliche Impulse keinen Platz mehr übrigließ. Die Arbeitszeit sich langsam steigerte und damit kaum noch Platz ließ, sich um andere wichtige soziale Kontakte auch außerhalb der Familie zu kümmern. Mangels Zeit. Sport existierte nicht mal mehr im Kopf. Im Nachhinein musste ich erst wieder lernen, wie wichtig Sport ist.

Was, schon wieder so spät?

Alles klar, ich komme gleich.

Nein, ich bin noch nicht da!

Mensch, hätte ich nur Flügel.

Mann, es geht nicht schneller!

Jaaaa, gleich!

Irgendwann kommt der Tag . . .

Die Freizeit beschränkte sich nur noch auf Essen und Schlafen, um letztendlich völlig aus meinem Vokabular gestrichen zu werden. Der verbliebene Rest Zeit musste einfach ausreichen, um weiterhin „ganz normal" zu funktionieren. Es kann aber wirklich nur so viel Wasser in ein Fass gefüllt werden bis es voll ist, und überläuft, um diesen weisen Spruch zu zitieren. Erschreckend dabei, ich bin nur einer unter weiß nicht wie vielen Millionen Menschen, denen es genau so ergeht.

Ärzte und Therapeuten

Depression, das hat mich erst einmal vom Sockel gehauen. Allein schon dieses Wort, über das man so viel liest und hört. Nur nichts Genaues. „Ich bin auf einmal ein Außenseiter, der nicht mehr ganz normal da oben ist" denke ich. Sofort fällt mir dazu ein: Psychokram, schwere Medikamente ohne die ein „normales" Leben nicht mehr funktioniert und, und, und. Aber wie bitte geht ein normales Leben. Ich lebe es doch Tag für Tag, und stehe so mit beiden Beinen mitten drin in meinem Leben. Zumindest war ich bisher dieser Meinung

Und jetzt behauptet mein Hausarzt, die schwammigen und undeutlichen Gefühle, die mich innerlich schon seit geraumer Zeit beschäftigen, wären typische Symptome einer durch Stress verursachten **Depression**. Mit diesen Worten trieben mich innerliche Ängste noch ein Stück weiter hinein in die nach unten fallende Spirale einer typischen Depression, wie ich erst ein paar Wochen später bewusst erfahren durfte. Überhaupt, das Wort Depression schien mich von da an zu verfolgen.

„Haben sie schon einmal daran gedacht, einen Psychologen aufzusuchen?" Ich sehe schon die berühmte Couch vor meinen Augen, und ich liege darauf. Ein Mann im weißen Kittel versucht mich mit einschläfernder Stimme auf den richtigen Weg zu bringen. Seiner Meinung nach, aber – **ich bin doch auf dem richtigen Weg, was habe ich denn falsch gemacht?**

Bei einem der unzähligen Besuche bei meinem Hausarzt kam dann irgendwann auch mal die Frage: „Haben sie schon einmal über eine Kur nachgedacht?" Habe ich nicht, weil mir ja nichts fehlt. Außer dass ich von Beruf aus immer müde bin. Wer schwer und viel arbeitet, der darf auch müde sein. Aber so müde? Inzwischen kamen meine Gedanken in die Gänge, und ich begann, die letzten Monate für mich zu analysieren – und versuchte mir dabei vorzustellen, mein unsichtbarer Gegenüber wäre ich. Der Film in meinem Kopfkino hatte begonnen.

Inzwischen kam auch der betriebliche Vertrauensarzt mit ins Spiel. Nachdem ich der Firma nun schon über einen längeren Zeitraum meine Arbeitskraft nicht mehr zur Verfügung stellen konnte, vereinbarte mein Arbeitgeber freundlicherweise über meinen Kopf hinweg einen Termin beim Betriebsarzt. Aha, unglaubhaft bin ich also auch noch. Ging mir zumindest so mal durch den Kopf. Obwohl ich natürlich wusste, dass ein Betrieb das darf. Das ist auch in Ordnung so.

Wiederum durfte ich also alles schildern, im Besonderen die berufliche Situation am Arbeitsplatz. Sehr viel Zeit hatte sich Frau Doktor dafür genommen. „Sie brauchen jetzt dringend Hilfe" und riet mir ebenfalls mit Hilfe meines Hausarztes eine Rehabilitationsmaßnahme zu beantragen. „So bald wie möglich!" „Jetzt ist es so weit" schoss es mir durch den Kopf, und es kam mir im Moment gleich einer Einweisung in eine Psychiatrie vor. Wie wir es aus den Märchenfilmen kennen. Blaues Wägelchen, und dann ab in die Anstalt. Ganz schön viel auf einmal, was da auf mich einprasselte.

Da ich inzwischen schon längere Zeit im Krankenstand war, kam mir natürlich die Ruhe sehr entgegen. Sie war wohl einer der wichtigsten Wegbereiter überhaupt für mich, und ich distanzierte mich täglich weiter von dem Nerv tötenden Tagen, die hinter mir lagen. Nur wer sich, so wie ich, mit Depressionen noch nie auseinandergesetzt hat, kann nicht wissen, dass alles, was für einen offensichtlich negativ erscheint, von sich selbst viel stärker beurteilt wird, als die positiven Dinge, die um einen herum geschehen. Also „Alles nur halb so schlimm", wie es Außenstehende sehen und der Meinung sind, einem mit diesem Spruch unheimlich helfen zu können.

Das war die eine Seite von mir, die Andere aber hingegen war auch sehr neugierig, was da auf mich zukommen soll. Im Nachhinein gesehen war es aber der absolut richtige Zeitpunkt. Wie ich Wochen später erfahren durfte, ist alles zum richtigen Zeitpunkt geschehen. Egal von woher auch diese vorprogrammierte Entscheidung gekommen war, ob von oben, oder gar von ganz oben, oder woher auch immer.

Bis zur Beginn der Reha ging mir dann Allerlei durch den Kopf, und ich muss sagen, ich fühlte mich überhaupt nicht wohl in meiner Haut. Denn jetzt kamen auf einmal, völlig unerwartet und neu, noch Existenzängste dazu. Was wenn ich einmal nicht mehr arbeiten kann?

Ich bin doch noch viel zu jung für die Rente. Ein riesen Brocken an ungeklärten Fragen tauchte auf einmal vor mir auf. Gerade eben wieder etwas vom Horizont gesehen, schon wurde er wieder von dicken Wolken verdeckt.

Inzwischen war ich schon über drei Monate nicht mehr arbeitsfähig, ganz schön lange für jemanden, der ständig unter Strom stand. Aber an Stelle eines erholsamen Schlafes siegten noch immer Alpträume in wirren Bildern, die tagsüber in meinem Kopfkino ihre Fortsetzung suchten.

Der alltägliche Wahnsinn

Depressionen. Aber ich doch nicht. Ich habe ja nur meine Pflicht getan und gearbeitet. So gearbeitet wie es ein Unternehmen sich wünscht. Immer pünktlich zur Stelle, stets zuverlässig und allzeit pflichtbewusst. Arbeitszeit stets bis an den legalen Bereich. Und wenn es mal drüber hinausgeht, was soll es, ich bin ja gesund und da geht doch noch was. Keine Beschwerden seitens der Kunden, im Gegenteil ich hatte immer das Gefühl bei ihnen willkommen zu sein. „Ach – gottseidank bist du wieder da. Dein Vertreter hat es ja überhaupt nicht geblickt". Solche Kommentare taten einem schon gut zu hören. Allein schon diese eine, kleine, positive Resonanz, die einem direkt vermittelt wurde.

Etwas, was nicht mehr kostet, als ganz nebenbei mal ein persönlich ausgesprochenes, kleines Dankeschön. Nur so zwischendurch! Von Mensch zu Mensch. Oder gar von Chef zu Arbeitnehmer. Ein kleiner Vorgang nur, der viel öfter Positives bewirken könnte, als man überhaupt noch wahr nimmt in der heutigen schnellen Zeit. Zeit das Geld kostet. Viel Geld - vor allem für diejenigen, die schon genug haben. Aber damit meine ich jetzt nicht die Spedition für die ich gearbeitet habe, und die auch nur als ein kleines Rädchen, in diesem Riesenunternehmen, was wir unsere Wirtschaft nennen, fungiert. Nein, es steckt zu viel Mehr und weit Größeres dahinter, als dass es meine kleinen Gehirnzellen je begreifen können, und auch werden. Also halte ich mich von der politischen Situation sicherheitshalber distanziert, und lass das besser aus. Obwohl ich persönlich das Thema hoch interessant finde.

Dafür sind wir jetzt schon mitten drin in meiner Geschichte, die mir ausreichend Material für dieses Büchlein liefert. In den folgenden Absätzen werde ich etwas ausführlicher in berufsspezifische Details gehen. Nicht nur um die gesamte Komplexität aufzuzeigen, sondern um es noch deutlicher und verständlicher zu machen, wie klein und unwesentlich oft alltägliche Vorgänge sind, die ein psychisches Wohlbefinden mehr beeinflussen können als man oft nur wahrnimmt. Ungeachtet davon, ob im negativen oder im positiven Sinne.

Ich war also jahrelang als Berufskraftfahrer im Nahverkehr unterwegs und gehörte zu denen, die tagtäglich dafür sorgen, dass alle Regale in den Geschäften pünktlich gefüllt werden können.

Dass Autoteile von Zulieferfirmen immer "just in time" waren, und auch andere Produktionsstätte immer mit Ersatzteilen versorgt wurden. Schon die Worte „just in time" bedeuteten: Ich muss pünktlich sein, alles hängt nur von mir ab, ob es unterwegs Verzögerung gibt, und nur ich bin schuld, wenn mein Ladegut zu spät beim Kunden ankommt. Klar, gegen den Strom schwimmen funktioniert nun mal nicht, aber allein schon diese Denkweise verursachte mir innerlichen Stress. Ich schreibe absichtlich innerlich verursachter Stress, weil, es hört sich in dieser Form nicht ganz so schlimm an wie „psychischer Stress". Nur konnte ich es damals noch nicht so bewusst wahrnehmen, ich war einfach nicht in der Lage dazu. Zu stark war die Ablenkung durch Aktivitäten und Geschehnisse und weil, trotz immer der gleichen Tätigkeit, auch immer wieder Neues passierte. Just in time, die Zeit im Blick, gib Gas und mach voran, immer nur schnell, schnell, schnell – das war alles was ich noch vor meinen Augen hatte. Dass ich damit aber die Regale fülle, aus denen ich am Wochenende selbst einkaufe, und wovon ich auch selbst profitiere – das blieb für mich zuletzt im Verborgenen. Schon längst hatte ich es aufgegeben zu hinterfragen, wieso ein Artikel zuerst von A nach B, im Anschluss nach C gefahren wird, um dann zu guter Letzt wieder bei A abgeliefert werden muss. Die Firmen haben keine Lager mehr, das sollte ja noch zu verstehen sein. Und die Lagerhaltung, die heute auf die LKWs auf unseren Straßen verteilt wird, ist anscheinend finanziell doch überaus attraktiv für die Firmen.

Aber wieso sollte ich denn nicht hinterfragen, warum das jetzt so gemacht wird und auf Kosten meiner Arbeitszeit ausgetragen wird? Es gäbe natürlich andere Möglichkeiten, aber das wäre ein Mehr an Arbeit meiner Vorgesetzten, die für Arbeitsvorbereitung zuständig sind. Somit hat das mich nicht zu interessieren. Aber verdammt noch mal, es interessiert mich eben doch, weil, es geht um MEINE Arbeitszeit! Das bedeutet für mich: Fahrzeit sinnvoll ausgenutzt, könnte mir vielleicht eine halbe Stunde mehr

Freizeit bringen. Die ich früher zu Hause bin. Mich in die Familie mit einbringen kann, und vielleicht noch ein halbe Stunde Sport zulässt, um der permanent verspannten Muskulatur entgegen zu wirken. Ich muss leider dazu sagen, wir hatten im Betrieb ein festes Gehalt, und wer zu lange unterwegs ist, warum auch immer, hat selbst Schuld. Dadurch entfernte sich jedoch jegliche Motivation täglich weiter, Motivation die nötig wäre den nächsten Tag gelassen, ausgeruht und innerlich ausgeglichen wieder zur Arbeit zu gehen.

Auch habe ich längst aufgegeben zu hinterfragen, wieso ich mich mit einem leeren 12t LKW, nur wegen ein paar Kartons mit 20 kg, zweieinhalb Stunden im Outback bewege, und von einer sinnvoll ausgearbeiteten Tour keine Rede sein kann. Ganz zu schweigen vom Diesel, der damit mehr als unnötig in die Umwelt geblasen wird. Das hätte man sicherlich auch anders einplanen können, ohne dass es abends von des Fahrers Freizeit abgeht. Auch interessierte es mich nach außen hin nicht mehr, warum eine Abholung beim Kunden nicht erst telefonisch avisiert werden kann. Damit hätten oft umsonst stundenlang gefahrene Anfahrten eingespart werden können. Allein schon diese kleinen Beispiele sollen verdeutlichen, wie es innerlich (Oder darf ich jetzt schon psychisch schreiben?) in mir gearbeitet hatte, wenn kostbare Zeit aus meiner Sicht anscheinend sinnlos vergeudet wurde. Selbst meine Mithilfe beim Korrekturlesen dieser Zeilen musste darüber den Kopf schütteln.

Es gibt nichts, über was man nicht reden könnte. Aber anscheinend sind Verbesserungsvorschläge nicht gefragt. „Überlassen sie das Denken uns, dafür sind sie nicht da. Machen sie nur das was wir ihnen sagen." Klare Worte eines Disponenten, wie ich sie einmal zur Antwort bekam. Da liegt mir ein großes ABER auf der Zunge. Aber - für was habe ich eigentlich (m)eine Ausbildung gemacht über berufsspezifische Dinge, die so in der Realität erst gar nicht gefragt sind? Ach so, ich habe es ja aufgegeben zu hinterfragen nach dem Warum und Wieso. Dabei kann ich noch mit einigen Beispielen weitermachen.

Wie ich später in meiner Reha gelernt habe, ist das Schreiben über etwas, was einen innerlich berührt oder gar zu zerfressen droht, eine überaus hervorragende Art zur Bewältigung von Depressionen. In meinem Fall ist es für mich eine hervorragende Therapie, die zu Versuchen ich jedem nur anraten kann. In kann mich noch gut erinnern, wie ich mich vor vielen Jahren schon einmal in einer ähnlichen Situation befand, lange bevor Burnout in aller Munde war. Eine Lebenskrise hatte mich damals recht kräftig durcheinandergeschüttelt und ich dachte: Nichts geht mehr! Mein Hausarzt, der auch ein hervorragender Psychologe ist, gab mir folgenden Rat. Schreibe einen Brief. Egal wie lang er wird, aber schreibe alles hinein was dich bedrückt, dich ankotzt oder was auch immer. Stecke ihn in einen Umschlag und wirf ihn, ohne Empfänger- und ohne Absenderangabe, bei Nacht und Nebel in einen Briefkasten.

Genau das habe ich gemacht, und im Moment bin ich eben dabei, es so ähnlich wieder zu machen. Nur mit dem Unterschied, ich mache es öffentlich. In der Hoffnung, dass der Eine oder andere vielleicht etwas Positives für sich herausnehmen kann. Auch wenn es nur ein kleiner Anstupser, oder etwas Ablenkung im tristen Alltag ist, für mich ist es Therapie und ich fühle mich sehr gut dabei. Schön, wenn man wieder sagen kann: ich bin echt wieder gut drauf. Also tue ich genau das und schreibe weiter an diesem Buch. Davon abgesehen, je mehr Details zur "Vorbereitung einer durch Stress verursachten Depression" ich hier zu Papier bringen kann, desto einfacher ist es für den Leser zu begreifen, was in mir vorgegangen ist. Was dann letztendlich zu dieser innerlichen Fehlzündung geführt hat, zu der wir auf den nächsten Seiten noch kommen. Doch sind wir nun ganz schön abgeschweift.

Weiterbildung – eine tolle Angelegenheit, und ich bin absolut dafür. Was im Kopf einmal drin ist, bleibt, vorausgesetzt man bekommt von Zeit zu Zeit die Möglichkeit es auch einzusetzen, in der Regel für immer drin, und auf Abruf bereit. Nur für was werden gesetzliche Regeln aufgestellt, wenn sie keine Beachtung finden, oder man nicht die benötigte Zeit dafür bekommt, den Vorgaben zufriedenstellend und verantwortungsbewusst nachzukommen? Oder bin ich etwa ein Dipfelescheißer? *(=Alemannisch für Erbsenzähler)*

Damit gehe ich noch einmal berufsspezifisch kurz auf ein Thema ein, was wir Tag täglich beobachten können. Etwas, das anscheinend niemand interessiert, aber mich als (übertrieben?) verantwortungsbewusster Mensch innerlich zerfrisst! Sicherheit von den Waren beim Transport, deren Empfänger auch Sie, der Leser, sein könnten. Wer einmal in einen offenen LKW hinten hinein schaut, der gerade mit heruntergelassener Hebebühne (vielleicht noch gesetzeswidrig) zum Be– oder Entladen in einer Fußgängerzone steht, wird schnell verstehen was ich meine. Eine treffende Beschreibung des

Laderaumes wäre oft: „wie bei Hempels unterm Sofa" oder „wie Kraut und Rüben". Warum?

Keine Zeit! Eine korrekte Ladungssicherung beansprucht so viel Zeit wie der Ladevorgang an sich selbst. Zeit, die ein Fahrer gerne früher zu Hause bei seiner Familie wäre. Zeit, die in der straffen Alltagsplanung nur auf dem Papier existiert. Wen wundert es dann, wenn Kollegen nachlässig arbeiten. Sie bewusst das Risiko eingehen, unterwegs bei einer polizeilichen Kontrolle eine saftige Strafe zu kassieren. Doch nur, um an diesem Tag vielleicht mal eine Stunde früher zu Hause zu sein. Noch bevor die Kinder Onkel sagen, weil sie ihren Papa nur noch am Wochenende zu sehen bekommen.

Es gibt aber auch noch den Typ von Mensch, der es gelernt hat immer korrekt zu sein. Entschuldigung, wenn ich so erzogen worden bin und auch zu denen gehöre! Korrektes Arbeiten kostet viel Zeit. Vor allem, wenn man versucht so gut wie nur möglich all das einzuhalten. Ganz wie es die Unfallverhütung am Arbeitsplatz vorschreibt. Damit bin ich natürlich viel langsamer als andere Kollegen und ich komme somit auch oft zu spät.

Ich will jetzt nicht alle Kollegen über einen Kamm scheren und behaupten sie arbeiten nachlässig. Aber diese korrekte Arbeitsweise führt dann letztendlich auch dazu, im Betrieb immer anzuecken. Nur was ist daran falsch? Ich kann doch nicht gegen mich selbst arbeiten. Bisher dachte ich noch immer, ein Chef wäre stolz auf einen absolut zuverlässigen Mitarbeiter. Haben sich die Zeiten etwa verändert, habe ich da etwas verpasst?

Korrekt und Zuverlässig. Diese Worte veranlassen bei mir inzwischen Kopfschütteln, weil ich mir sagen lassen musste: „Jetzt tu nicht so, als ob du der Herr selbst wärst" oder: „Junge, du musst dir einfach etwas mehr einer Leck mich am A.... Einstellung aneignen." „Und vielleicht ein dickeres Fell wachsen lassen." Aber geht das so einfach und ist das der richtige Weg? Für mich kommt das keinesfalls in Frage, wie ich mit einem weiteren Beispiel im nächsten Absatz aufführen möchte, und der mit Sicherheit bei einigen Lesern zu einem: „Echt - das habe ich auch nicht gewusst" Erlebnis führen wird.

Es ist nicht des Fahrers Schuld, dass auf einer normalen deutschen Landstraße ein LKW nur mit 60km/h bewegt werden darf. Aber wieso machen andere „allwissende" Verkehrsteilnehmer den Fahrer eines LKWs dafür verantwortlich und nicht den Verkehrsminister, der diese zugegebenermaßen längst überholten Verkehrsregeln aufgestellt hat? Wie habe ich mich jeden Tag gefreut über die Fahrer, die erst eine Weile mit Lichthupe hinter mir fuhren, um mir dann freundlich mit dem erhobenen Mittelfinger zu zuwinken, um mich dann beim Überholen noch mehr als nur scharf schneiden und mich letztendlich noch zu einer Vollbremsung zu nötigen. Mit Ende fünfzig gehöre ich nun mal nicht mehr zu denen, die noch ein so dickes Fell haben, all das tagtäglich einfach ignorieren zu können.

Noch heute könnte ich innerlich platzen, wenn ich mir vorstelle, wie ich vor inzwischen einem halben Jahr morgens gut gelaunt in meinen LKW gestiegen bin, mich auf dem Weg zum ersten Kunden darüber freute, wie die Sonne auf den Feldern die letzten Nebelschwaden auflöste. Bis sie kamen, es dauerte nicht lange, gleich morgens auf dem Weg zum ersten Kunden, die ersten Verfolger. Hinter mir her. Wie in einem Krimi. Spätestens jetzt war ich wieder an diesem Punkt angelangt, an dem es innerlich gebrodelt hat. Ich fahre so wie es gesetzeskonform und in meinen Augen korrekt ist. Genauso schnell wie ich denke, die Verantwortung dafür übernehmen zu können.

Klar könnte ich auch schneller, aber ich kann es nun mal eben nicht. Weil ich damit wieder gegen mich selbst arbeiten müsste. Und genau damit setze ich mich selbst noch mehr unter Druck, schüre das innerliche Feuer, was mich tagtäglich aufheizt und damit einer Explosion immer näherbringt. Ohne dass es mir bewusst ist.

Kundenfreundliches Verhalten gehört bei mir dazu. Aber leider sind nicht immer alle Kunden gleich freundlich! Vor allem nicht, wenn ich wieder mal zu spät dran bin. Das gibt es leider auch. Der einfache Arbeiter in der untersten Schicht, der in seiner Firma nicht ausreichend mit Respekt behandelt wird, kann das auch nicht an andere weitergeben. Wer kommt schon auf die Idee und sagt: „Du hör mal, ich hatte heute schon ziemlich Ärger mit …" (weiß ich nicht was), „und es liegt ganz sicher nicht an dir. Aber im Moment ist gerade niemand anders da, an dem ich es auslassen kann. So musst du eben im Moment dran glauben". Also ich habe das so noch nie erlebt.

Brav arbeitende Menschen, fern ab von Führungspositionen, zählen anscheinend heute leider nicht mehr zu den Lebewesen, denen Respekt, Höflichkeit und vor allem Wertschätzung entgegenzubringen ausreichend Priorität gesetzt wird. Nur noch die Funktion wird bewertet. Dabei wäre zwischendurch wieder mal ab und an ein kleines Dankeschön nicht fehl am Platz. Oder wie gerade beschrieben: „Tut mir leid – ich hatte heute Morgen anderweitig schon etwas Ärger, das hat aber nichts mit dir zu tun". Nur ein paar nette Worte wären das, in der einfachen Arbeiterbranche jedoch ziemlich unbekannt. Hier herrscht in der Regel ein durchaus lauterer und rauer Umgangston. Ein Ton, den ich nicht haben will, absolut nicht brauchen kann und der mir innerlich deshalb nicht positiv entgegenkommt. In meiner Erziehung waren Respekt und Höflichkeit gegenüber anderen Mitmenschen noch so platziert, dass sie heute noch immer vorhanden sind. So wie ich sie von anderen mir gegenüber auch erwarte. Wenn ich heute Kopfschmerzen oder einen dicken Hals habe, kann mein Gegenüber etwas dafür? Liege ich damit etwa falsch, habe ich in den letzten Jahren etwas verpasst?

Darf mich das innerlich nicht berühren, wenn ich anstelle von „artgerechter Behandlung" nur angepflaumt werde? Nur weil ich auf Grund dichtem Verkehrs, jetzt sind wir wieder bei verantwortungsbewusster Fahrweise, nicht schneller vorangekommen bin. Oder beim letzten Kunden die Ware zur Abholung nicht fertig war. Natürlich empfinde ich solche alltäglichen Momente als nicht gerade förderlich, einen solchen Arbeitsplatz zu besetzen. Auf diese Art und Weise ist der Spaßfaktor bei mir nicht vorhanden.

Immer ist es die Zeit, die einem vor Augen erscheint und die einem permanent davonläuft. Wenn auch morgens die Welt noch in Ordnung erscheint, spätestens nach sechs, sieben oder acht Stunden beginnt die Zeit gegen ein Selbst zu arbeiten. Ich weiß, einige werden jetzt sagen: „Über zwölf Stunden Arbeitszeit, da kann ich nur drüber lachen!" Ich nicht, an mir hat sie kräftig genagt. Zu Hause wartet die Familie. Eigentlich wollte ich mit meiner Frau, zusammen mit Freunden, heute einmal in den Biergarten. Aber das wird wohl wieder nichts. In einem heißen Sommer, wie wir es dieses Jahr hatten, ist es ein tolles Gefühl, nach eigentlich erfüllter Arbeitszeit an einem

Schwimmbad vorbeizufahren, in dem sich all die „Sesselpupser", die überpünktlich nach acht Stunden im Büro ihren Bleistift fallen lassen, zusammen mit ihren Familien die Zeit verbringen. Stattdessen steht man noch wartend in irgendwelchen Hinterhöfen, oder auf abseits gelegenen Parkplätzen. Bei gehobener Ausstattung mit dem Luxus, ein für die menschlichsten Grundbedürfnisse aufgestelltes versifftes Dixi-Klo noch gratis benutzen können.

Wenn man dann noch lange genug warten muss, wird das als Pause angerechnet. Schön – Pause ist ja Freizeit und man kann tun und lassen was man will. So steht es gesetzlich geschrieben. Es ist ein Wahnsinnsgefühl von Freiheit, in irgendeinem Hinterhof seine Freizeit zur Verbringen. Weitab von der Familie die zu Hause wartet. Die Kollegen im Fernverkehr, die dürfen sogar ihre „Freizeit" im Grünen verbringen. Bevorzugt zwischen den Grünstreifen auf den öffentlichen Parkplätzen, entlang der Autobahn. Sollte die Fahrzeit mal nicht ausreichen, sogar über das ganze Wochenende.

So sieht der Traumberuf eines Truckers in der Realität aus.

Ach ja, beinahe hätte ich es übersehen, es gab ja auch noch Geld dafür. Der gegoogelte Durchschnittslohn für Berufskraftfahrer ist, dem ersten Anschein nach zu urteilen, gar nicht so schlecht. Aber – unterm Strich liegt er real bei nicht mal der Hälfte des vorgeschriebenen Mindestlohnes, wenn dieser auf die tatsächliche Abwesenheitszeit von zu Hause umgelegt wird. Da bleibt dann nicht mehr viel übrig im Monat! Noch nicht einmal eingerechnet der Weg zum Arbeitsplatz und die laufend vorgeschriebenen Schulungen und Weiterbildungen. Ganz zu schweigen von der Verantwortung.

Nun ich will mich ja nicht darüber beschweren, weil die deutsche Wirtschaft dafür brummt und boomt ohne Ende. Und es geht uns allen Bürgern in diesem Lande so gut. Aber ich habe gelernt, mich an denen zu orientieren, die persönlich viel weniger besitzen als ich. Und nicht an denen, die es im Überfluss haben.

Nur meckern darf man darüber – oder etwa nicht?

Jetzt ist das ja nicht unbedingt Bestandteil von öffentlichem Interesse, was ich hier schreibe. Auch möchte ich sicherlich nicht die Firmen, bei denen ich gearbeitet habe unter Anklage stellen. In vielen, sehr intensiven Gesprächen mit anderen Patienten während meiner Reha konnte ich sehr schnell feststellen, dass es in vielen anderen Berufssparten genauso läuft, was mich aber in meiner Situation nicht unbedingt beruhigte.

All diese „Kleinigkeiten" haben ihren Teil dazu beigetragen, mir einen physischen Warnschuss zu verpassen. Schon vor sechs Jahren hatte ich während des Fahrens einen „Black Out" und ich hätte diesen ersten Warnschuss deutlich hören müssen. Trotzdem habe ich weitergemacht, Unkraut vergeht ja nicht. Den Arbeitgeber gewechselt in der Hoffnung, jetzt wird alles besser. Das hat anscheinend nicht ausgereicht. Wie ich jetzt sehen und spüren kann.

Wie üblich man reicht anfangs „Den kleinen Finger" und bekommt dann nicht mal mehr mit, wie man zuletzt die ganze Hand abgibt. Davon jetzt mal abgesehen, die Zeit wird einfach immer schneller und hektischer. Nach meinen 44 Jahren im Arbeitsleben wäre die Kraft (im Geist) noch im Überfluss vorhanden. Da geht doch noch was. Nur die ersten Anzeichen körperlicher Überforderung immer richtig zu deuten, das verliert sich sehr schnell im Durcheinander des Alltaggetümmels. Und wer gibt sich schon gern die Blöße, auf einmal nicht mehr voll teilhaben zu können? Ich bin doch noch kein alter Mann!

Der Weg zum Durchdrehen ist geebnet

Ich wurde als Urlaubsvertreter, sozusagen als Springer für andere Fahrer, eingesetzt. Die Tour war mir neu, lediglich die Gegend kannte ich in etwa. Die Tätigkeit was Fahren, Be- und Entladen betrifft, ist zwar die gleiche wie überall, jedoch die Dokumentation ist unterschiedlich. Wenigstens einen Tag Einarbeitung wird als nicht nötig angesehen.

So war ich in diesem Sommer ortsfremd im Ausland eingesetzt. Der Druck, keine Fehler zu machen ist somit besonders hoch. Dazu kommt, wie oft üblich, ein anderes Fahrzeug und die ungewohnt hohe Verkehrsdichte in der Schweiz. Dieser Sommer war ja auch extrem heiß und nicht nur ich hatte damit zu kämpfen.

Dazu kamen die von den vorangegangenen Monaten extrem vielen Stunden auf dem Arbeitszeitkonto. Weit mehr als normal. Mein Leben bestand zu der Zeit nur noch aus Arbeit, Arbeit und nochmals Arbeit.

Die wenige Freizeit, in der Regel beschränkte sie sich auf das Wochenende. Die Zeit, die mir unter der Woche zwischen Arbeitsende und Beginn am nächsten Morgen blieb, musste ausreichen für Essen, Schlafen und natürlich noch für den Weg zur Arbeit! So stellten sich für mich langsam und schleichend die ersten Probleme ein. Müdigkeit, Konzentrationsschwäche und den Druck das alles auf die Reihe zu bekommen. Die innere Unruhe und Unzufriedenheit wurden täglich stärker, ich war auch absolut nicht mehr in der Lage mich selbst zu steuern. So sehr ich mir auch Mühe gab.

Schon Tage, nein Wochen vor meinem „Unfall" hatte ich nun damit zu kämpfen und ich war kurz davor, einfach durchzudrehen. Im Klartext ausgedrückt: Ein Disponent, der ständig anruft und fragt: „Wo bleibst denn du so lange? Wo bist gerade, wie lange brauchst noch, die anderen schaffen das doch auch" und, und, und -! Keine Freisprechanlage im Fahrzeug, das heißt jedes Mal, erst eine Haltebucht zu finden, um zu telefonieren.

In Seitenstraßen und Hinterhöfen versteckte Anlieferungspunkte, die für den Fahrer nicht einsehbar sind, ob es eine Möglichkeit zum Wenden gibt. Keine Möglichkeit, im dichten innerstädtischen Verkehr kurz anzuhalten um eine Toilette aufzusuchen, die erst einmal gefunden werden muss. Vom beständigen Sitzen nassgeschwitzt in der Region zwischen Knie und Hüfte, verbunden mit einen durch Stress verursachten Herpes an einer überaus empfindlichen Körperstelle, die zu benennen ich auslasse und die, mangels Möglichkeit einer Reinigung mit Wasser, über eine Woche lange den ganzen Tag brennt. Und schmerzend einen in den Wahnsinn treibt beim stundenlangem Sitzen. Als ob das noch nicht genug wäre, genau an so einem Nachmittag sehe im Rückspiegel, wie ein Kleinkind mit seinem Dreirad unter dem LKW knapp hinter der Achse verschwindet!

Eine Horrorvorstellung, was wäre gewesen, wäre ich nur ein Bruchteil langsamer gefahren. Wie ein Damoklesschwert über all dem hängt immer die restliche

Fahrzeit vor Augen. Mit grell gelber Einblendung: „Hoffentlich bin ich noch pünktlich beim Kunden bevor er schließt und er seine Mitarbeiter in den wohlverdienten Feierabend entlässt".

Mit all diesem Druck klarzukommen ist gar nicht so einfach. Ein Gespräch mit meinem Arbeitgeber, ein paar Tage zuvor, hatte ich kurz vor einem Tobsuchtsanfall abgebrochen. Niemand, der mir auch nur im Geringsten entgegengekommen wäre. Niemand hatte bemerkt, dass das nicht mehr ich bin, der offensichtlich einfach fertig war. Hätte im Büro jemand nur im Ansatz bemerkt, wie ich innerlich am Ende war und mir vielleicht den Vorschlag gemacht hätte, ein paar Tage Auszeit zu nehmen, so wäre ich vielleicht noch heute im Betrieb.

Es gab bisher in meinem Leben nicht allzu oft einen Anlass, der mich bis zu diesem Tag zum Heulen brachte, aber an genau diesem Tag ist es nur so aus mir herausgebrochen. Ich war einfach nur fertig, ausgelaugt und am Ende.

Weinend wie ein kleines Kind verließ ich das Büro und war kurz davor mit Vollgas auf die gegenüberliegende Wand zu Fahren.

Zum ersten Mal in meinem Leben tauchte bei mir die Frage auf, für was das alles noch gut sein soll. Für die paar Euro am Ende eines Monats sich selbst in seiner Persönlichkeit aufzugeben? Am bisherigen doch recht gut verlaufenen Leben in Zukunft mit Vollgas daran vorbei zu gehen? Ich spielte zum ersten Mal mit dem Gedanken, einen Schlussstrich zu ziehen.

Erschreckend im Nachhinein, welch wirre Gedanken über warum, wieso und weshalb sich in meinem Kopf in diesem Moment breitmachten. Ein kompletter Rückblick auf Vergangenes, vermischt mit der eben erlebten Situation und den Horrorszenarien, die für mich noch vor mir liegen. Das alles so rasend schnell, dass einzelne Stationen nicht greifbar waren und mich im Denken gebremst hätten. Von irgendwo her kam eine unsichtbare Hand.

Sie brachte mich dazu, meinen Zündschlüssel voller Wut und Trauer in den rechten Fußraum meines Wagens zu werfen. Außerhalb meiner Reichweite, um ihn wieder schnell in die Hand zu nehmen. So konnte ich nicht direkt losfahren. Es dauerte eine ganze Weile und ich ließ meinen Tränen ungehindert freien Lauf. Erst nach einer gefühlten Ewigkeit, die vielleicht nur eine viertel Stunde dauerte und nach mehrmals tief durchatmen, war ich an diesem Tag dann in der Lage, wieder mal mit ordentlich Überstunden nach Hause zu fahren. Nur der Gedanke, dass mich zu Hause jemand erwartet, der mir sehr viel bedeutet, war Tagessieger. Sieger in einem Spiel zwischen Leben und Tod. Ich kann nicht sagen was gewesen wäre, wenn ich den Zündschlüssel in meiner Hand behalten hätte?

Noch einmal davongekommen

Dann kam dieser Tag, der so tief in meinen beruflichen Alltag und damit auch in mein bisheriges gewohntes Leben

eingegriffen hat. Ich bekam groß-
zügiger weise zur Unterstützung einen
elektronischen Helfer, der fertig vorpro-
grammiert war für meine Tour. Mit so
einem Navigationsgerät ausgestattet, ging
es in den täglichen Wahnsinn. Ich muss
dazu sagen, dass ich mit solch modernem
Schnickschnack nicht gut freund bin und
mich auch sicher nicht anfreunden werde.
Mich lenkt so ein Teil mehr ab, als es mich
unterstützt. Zumal ich ohne Lesebrille
diesen kleinen Bildschirm nicht erkennen
kann und mit Lesebrille mir der Durch-
blick auf das Verkehrsgeschehen vor meinem Fahrzeug verschwimmen lässt.

Trotzdem, ich war voll motiviert an
diesem Tag, aber eine offensichtliche
Fehlprogrammierung meines zuständigen
Disponenten führte mich immer wieder
falsch! Ich hatte ja, wie eben beschrieben,
bisher nur wenig Ahnung von so einem
Ding. Weil ich es bis dato noch nicht gebraucht hatte. Mit meinem gesunden
Menschenverstand hatte ich bisher noch
immer alles gefunden, nach was ich suchte. Jetzt hatte ich für heute also ein

brandneues Navigationsgerät zur Hilfe, aber eine Gebrauchsanleitung war natürlich nicht vorhanden. Die Zeit sie in Ruhe zu studieren hätte ich, davon abgesehen, sowieso nicht gehabt. Wie es der Teufel also will, führte mich die Tante in der Wunderkiste immer wieder in Richtung Autobahn. Bis ich den Wegweisern aber entnehmen konnte, wohin des Weges meine Fahrt gehen soll, war es dann schon zu spät. Wie jeder Mensch mit Führerschein weiß, das Wenden auf einer Zufahrtstraße zur Autobahn kann zu einem echten Abenteuer werden. Wobei das Überqueren einer doppelt durchgezogenen Mittellinie noch das kleinste Problem wäre. Technisch gesehen!

So ist mir die Zeit an diesem Tag wieder nur so davongelaufen. Der navigierenden Dame habe ich den Stecker gezogen und es wurde später und später. Ich war innerlich wieder einmal stinke sauer auf mich selbst, weil ich es wieder einmal nicht schaffte, die Kunden alle der Reihe nach abzuhandeln. Was war nur mit meiner Konzentration?

Wo ist die denn auf einmal hin – es ist doch nur ein ganz normaler Arbeitstag.

Dann, in Mitten einer Stadt in der Zentralschweiz am Zuger See, im inzwischen schon alltäglichen Feierabendverkehr ist es passiert. Ich war noch über drei Fahrstunden von meinem Feierabend entfernt. Es ging im Stopp & Go nur Meter für Meter vorwärts. Ich musste schon ganz in der Nähe meines letzten Kunden gewesen sein, aber da ich schon über der vereinbarten Zeit war, war er für mich schon offensichtlich nicht mehr zu erreichen.

Trotzdem kommt es immer auf einen Versuch an, man will ja auch sein Bestes geben.

Mit Vollgas in die Sackgasse

Ich verspürte ein plötzliches Unwohlsein, wie nach einem Schlag in den Bauch. Mein Magen zog sich zusammen und sein Inhalt schob sich langsam nach oben. Irgendjemand zog mir den nicht vorhandenen Teppich unter den Füßen weg. Ich kann es eigentlich überhaupt nicht genau beschreiben, was in diesem Moment abging. Doch - kann ich schon, denn das hatte ich Jahre zuvor ja schon einmal und ich spürte genau, hier kommt wieder nichts Gutes.

Im letzten Moment konnte ich nur noch den Knopf für die Warnblinkanlage tätigen, den LKW über den Bürgersteig hinweg von der Straße runter ausrollen lassen, Handbremse rein und den Zündschlüssel rumdrehen. All das ist blitzschnell, nur noch instinktiv abgelaufen.

Der Passant, den ich bei dieser Aktion noch beinahe überrollt hätte, half mir beim Aussteigen.

Mir war zum Kotzen übel gewesen und meine Knie so weich, dass ich mein eigenes Körpergewicht nicht mehr halten konnte. Der junge Mann versorgte mich neben dem Gehweg. Im Schatten eines Busches brachte er mich in Schock Lage. Was wohl auch verhinderte, dass ich mich erbrechen musste. Nach dem er sich vergewissert hatte, dass ich insoweit „stabil" geblieben bin, verständigte er umgehend den Rettungswagen. Es dauerte für mich eine gefühlte Ewigkeit bis der Rettungswagen eintraf, im Schlepptau ein Fahrzeug der Kantonspolizei. Ich habe keine Ahnung mehr, was die alles von mir wissen wollten, es lief alles nur noch irgendwie automatisch ab. Ich kam mir vor, als ob ich mit Vollgas in eine Sackgasse gefahren wäre. Aber gottseidank, von da an war ich in ärztlicher Obhut bis zu den Untersuchungen im Krankenhaus, in das ich sofort verfrachtet wurde. Es lief alles nur noch wie ein schlechter Film vor meinen Augen ab. Noch während der Untersuchung bin ich letztendlich, verkabelt unter vollem Programm in der Notaufnahme, dann auch komplett weggetreten. Nach etwa vier Stunden erwachte ich, unter den freundlich lächelnden Augen einer Ärztin. Ihre erste Frage war: „Na, haben sie jetzt ausgeschlafen?" Vor rein körperlicher Erschöpfung war ich wohl eingeschlafen.

Die Kantons Polizei stand überraschenderweise immer noch, oder schon wieder da. Einträchtig neben der Ärztin und den Pflegern. Anscheinend hatte ich zuvor bei der Unfallaufnahme doch nicht alle Sinne beisammen. Und so baten sie mich überaus freundlich um ein Interview. Dem ich, zwar immer noch leicht benommen, selbstverständlich zustimmte. Mit dem Ergebnis, dass sie mir erst einmal ein unbefristetes Fahrverbot für die Schweiz aussprechen mussten, zumindest bis die medizinische Situation vollständig geklärt ist. Wie ich belehrt wurde, wird in der Schweiz bei einem medizinischen Notfall im Straßenverkehr immer die Polizei dazu gerufen. Obwohl ich an diesem Tag, verkehrsrechtlich gesehen, mehrfach gegen das Gesetz verstoßen hatte, sahen sie gegen mich als Fahrer von einer persönlichen Strafe ab. Einen offensichtlich völlig erschöpften Menschen vor sich zu haben und die Tatsache, dass ich meinem Arbeitgeber wohl für einige Zeit nicht zur Verfügung stehen werde, sahen sie wohl als ausreichendes Strafmaß an. Ein genaues Protokoll wurde erstellt, bei dem auch nicht ausblieb, dass dieser Vorfall sich vor etwa sechs Jahren schon einmal ereignete. Auch damals war der Blutdruck in einen Höhenbereich ausgerissen, der für mich äußerst ungewohnt hoch war.

Aus heiterem Himmel heraus, an einem überraschenderweise sehr ruhigen Arbeitstag. Auf einer dreistündigen Rückfahrt, ohne Ladegut, kam mir auf einmal die Straße entgegen! Das war vielleicht krass. Als ob mir jemand die Straße in mein Gesicht schieben will, in dem sie einfach vor mir hochklappt. Wie eine Zugbrücke. Nur dass hier auf dieser Strecke, die ich fast täglich fuhr, noch nie eine stand!

Ich spürte, dass hier etwas gewaltig schiefläuft und nicht mehr stimmt. Gottseidank, ohne dass mehr passierte, konnte ich gerade noch auf der Straße die (Not)Bremse ziehen. Ich wurde noch auf der Straße stehend am Lenkrad bewusstlos. Ein Spaziergänger, der es zufällig mitbekommen hatte, war vermutlich mein Lebensretter. Nachdem er die Warnblinkanlage aktiviert und den Motor ausgemacht hatte, verständigte er „während meiner Abwesenheit" den Rettungsdienst, die bei meinem Erwachen bereits vor Ort waren. Nach ein paar Tagen Krankenhaus mit eingehenden Untersuchungen, konnte ein epileptischer Anfall erst mal ausgeschlossen werden.

Die Diagnose fiel dann relativ simpel aus. „Nur etwas überarbeitet" auf Grund vorangegangener hoher Arbeitszeit. „Und - na ja, ihr Blutdruck war ungewöhnlich hoch, den sollten sie mal gut im Auge behalten. Mit einem Herzinfarkt ist nämlich nicht zu spaßen." Die damit verbunden inneren Alarmsignale nicht weiter beachtend habe ich eben wieder weitergearbeitet. Nachfolgende Untersuchungen nicht ernst genommen. Wieso auch, das kann ja mal passieren. Bin ja kein Weichei und außerdem, es ist ja eigentlich nichts passiert. Was mein LKW anbetraf. Die freundlichen Polizisten waren sehr gute Zuhörer. Sie verabschiedeten sich überaus höflich, nicht ohne mir noch eine gute Besserung zu wünschen. Verbunden mit einem dicken Danke, dass ich noch so schnell reagiert habe, ohne dass jemand zu Schaden kam. Was die Krankenhauskosten anbelangte, das ist Ironie des Schicksals: Ein Umfall ist kein Unfall - hätte ich mir dabei nur einen Fuß verstaucht, oder Finger verknackst, es wäre ein anerkannter Arbeitsunfall gewesen.

Aber was bitte ist mit dem Innenleben meiner Seele, bei der von diesem Zeitpunkt an nichts mehr so war wie vorher? Obwohl die Ursache für mich die „Ein und die Selbige" ist, was die Haftung anbetrifft.

Leider sah das die Berufsgenossenschaft völlig anders, denn es lag ja keine körperliche Verletzung vor. Die Bestätigung dieser Ungerechtigkeit bekam ich ein paar Tage später in Form von mehreren Rechnungen. Rettungsdienst, Krankenhaus und Labor. Damit war ich finanziell erst mal bedient. Viele Untersuchungen folgten die nächsten Tage. Physisch gesehen war fast alles in Ordnung, ein Belastungs-EKG gerade noch im Bereich der Normalität. Hat sich das etwa alles nur in meinem Kopf abgespielt?

Beim Psychologen

Depression – hier waren wir stehen geblieben. Nachdem ich vom Hausarzt nun erst einmal für eine Weile aus dem Verkehr gezogen wurde, ging es mir körperlich schon zusehends besser. Allein schon die Ruhe machte sich positiv bemerkbar, ruhig und gut schlafen hingegen sieht immer noch anders aus. Etwas stimmte einfach noch immer nicht.

In mir drinnen hatte es immer mehr gearbeitet. Mehr als zuvor. Wenn es darum ging, meinem Arzt zu erzählen, wie ich mich denn im Moment so fühlte, war die Welt in mir wieder völlig zusammengebrochen. Als ob mir jemand meinen Hals zuschnürte. Noch nie hatte ich so oft geweint, wie in dieser Zeit.

Der mir vom Hausarzt sehr rücksichtsvoll empfohlene Besuch bei einem Psychologen habe ich, nach ein paar Tagen Unsicherheit, dann doch angenommen. So machte ich mich auf den Weg, voller Erwartung was da jetzt auf mich wohl zukommt. In einer hellen Praxis ging es zur Anmeldung. Verstohlene Blicke auf die anderen Patienten im Wartezimmer ließen bei mir die wildesten Gedanken aufkommen. Weshalb die wohl hier sind? Und alle so freundlich. Überhaupt nicht die geringsten Anzeichen von verrückt sein zu spüren. Sind die alle schon kuriert? Solche Fragen tauchten bei mir auf, ich war ja noch nie zuvor in einer Praxis für Psychologie.

Ein unauffälliger, sympathischer Mann mittleren Alters, ich kann so schlecht schätzen, stellte sich mir vor. Er entpuppte sich als mein Therapeut. Ganz locker im gestreiften Pulli und Jeans. Kein weißer Chefarztkittel und auch kein drittes Auge am Kopf, wie es nur in Karikaturen vorkommt. Ich folgte sodann in sein Sprechzimmer.

Wo ist denn nun die Couch, auf die ich mich nun legen soll? Fehlanzeige, ganz locker saßen wir uns an einem Tisch gegenüber und ich beantwortete erst einmal ein paar Fragen. Dann sollte ich von mir erzählen. Sollte, denn weit bin ich nicht gekommen. Seinen ersten, tiefbohrenden Fragen konnte ich nicht lange standhalten. Wie schön wäre es gewesen, einmal in Ruhe zu erzählen was vorgefallen war. Stattdessen würgte mich zwischendurch immer wieder eine unsichtbare Hand derart, dass ich einfach keine Wörter herausbekam. Wie auf Knopfdruck war ich nicht mehr derselbe Mensch, der eben kurz vorher noch so neugierig die Praxis betreten hatte.

Burnout. Zum ersten Mal fiel dieses Wort. Es war der Abschluss meiner ersten Therapiestunde. Die ersten Besuche bei meinem Psychologen brachten mir noch nicht all zu viel. Vielleicht hatte ich auch mehr erwartet, keine Ahnung, ich kann das nicht sagen. Dennoch, es gab auf einmal jemanden, dem ich mich mitteilen konnte. Und es gab jemanden, der mir in Ruhe zuhörte. Klar hätte ich das zu Hause auch loswerden können. Aber hat nicht jeder Ehepartner seine eigenen Probleme, auch auf den Arbeitsplatz bezogen, was er gerne abends loswerden möchte. Da kann und will ich doch meinen Partner nicht auch noch mit meinen Problemen zusätzlich belasten. Problemen, die mich, was die Arbeit anbelangt, bedrücken. Ich habe doch während meiner Kindheit schon gelernt, als Mann hat man stark zu sein. Und ich bin doch stark?

Erst kommt die Familie und dann erst ich selbst. Und jetzt sitze ich hier, auf der berühmten Couch, bei einem Psychologen. Inzwischen hatte ich auch längst gelernt, dass ein Psychologe und ein Psychiater nicht dasselbe ist. Aber was mache ich nun hier? Nun, ja - unter Tränen, mit einem zugeschnürten Hals versuchen, meinen im Moment so beschissenen Gefühlszustand zu erklären, zu heulen, erzählen und nochmals zu erzählen. Und das soll unter anderem auch meine ungeklärte Situation am Arbeitsplatz lösen? Denn es kristallisierte sich immer mehr heraus, dass hier mein Problem verwurzelt war. Völlig neue Fragen tauchten auf. Bekomme ich dann vielleicht, mit einem medizinischen Gutachten im Rücken, einen reduzierten Fahrplan? Und die größte Frage überhaupt: Wie will ein Psychologe das gesamte Umfeld um mich herum so ändern, dass ich wieder völlig locker damit umgehen kann. Und vor allem auch mit selbst wieder klarkomme?

Die ersten Therapiestunden zeigten dann doch so langsam ihre ersten kleinen Erfolge. Anfangs noch sehr zurückhaltend und zögerlich nahm ich nun gerne den Weg zur Therapiestunde auf. Irgendwie tat es mir gut zu reden. Mein ganzes

Leben von Geburt an wurde geistig rekonstruiert und unsichtbar vor mir wiederaufgebaut. Dabei kam überraschenderweise einiges wieder hoch, was die ganzen Jahre hindurch von mir verdrängt wurde. Völlig unbewusst, einfach immer wieder verdrängt. Erlebtes, was ich nie mit meiner jetzigen Situation in Zusammenhang gebracht hätte. Eine bisher mir völlig unbekannte Tür tat sich auf einmal auf. Sie zeigte mir, wie komplex kleinste und meist unscheinbare Vorgänge im Leben ineinandergreifen. So langsam wurden die Gespräche mit meinem Psychologen für mich richtig spannend. Vor allem, weil wir im Gespräch immer wieder auf komplett andere Themen abschweiften und damit den Druck auf das Wesentliche, das weswegen ich eigentlich hier war, merklich herausnahmen.

Nach einigen dieser Gespräche wurde dann inzwischen auch meine Reha, im Volksmund auch Kur genannt, bewilligt. Innerlich dankend nahm ich das Angebot gerne an, an einer Rehabilitationsmaßnahme teilzunehmen.

Offen für alles Neue, habe ich mich nun völlig darauf eingelassen. Schön auch deshalb, was einem die Leute alles zutragen. Über das, was man in einer Kur so alles erleben kann. Eigentlich wie eine Clubreise. Oder ein Aktivurlaub. Am Tage etwas Sport, viel Bewegung an frischer Luft und dann abends ab in die nächstgelegene Kneipe. Dort wo die Puppen tanzen und Nachtleben den Alltag vergrault. Und - ganz wichtig: „eine Kur ohne Schatten ist keine richtige Kur!" so die Bauernweisheiten. Scheint ja eine coole Sache zu werden. Also – dann nichts wie los.

Wie ich endlich all die notwendigen Papiere mit unzähligen Fragebögen, die es noch auszufüllen galt, zusammen mit meiner Einberufung in den Händen hielt, habe ich zum ersten Mal erfahren, wohin die Reise gehen soll. Schreck lass nach. Eine Psychosomatische Fachklinik im Schwarzwald. Was ist denn das? Psychosomatisch! Ist das so eine Art von Klapsmühle? Ist es also doch schon so weit?

Ab in die Reha-Klinik

Jetzt musste ich erst damit anfangen nach Informationen zu suchen. Ich googelte nach den für mich erst einmal wichtigsten Begriff. Psychosomatisch, was ist denn das überhaupt. Und wo liegt denn diese Klinik? Was – im Schwarzwald in den Bergen. Das klingt ja schon mal schön aber dann sehe ich: sehr hoch in den Bergen gelegen und etwa einen Kilometer entfernt vom nächsten Dorf. Nur um die dreißig Häuser konnte ich auf der Internetseite von Google Earth zählen. Bäckerei und Supermarkt? Keine Ahnung!

Ja und was ist mit der Eckkneipe, in der man sich während so einer Kur abends trifft? In der es des Nachts mehr Schatten geben soll als Glühbirnen in der Deckenbeleuchtung, wie viele erzählen? Fehlanzeige, nichts von alledem. Oh Gott, haben die denn da überhaupt Internet und Handyempfang? Eine der wohl wichtigsten Frage überhaupt heutzutage.

Die Koffer waren schnell gepackt, ich brauche dazu nie lange. In Anbetracht von vier Wochen wurde er doch ganz schön voll und ergänzend musste noch eine Tasche mit gepackt werden. Natürlich habe ich nicht vergessen, meine Gitarre mit auf die Reise zu nehmen. Sie ist für mich in meinem Leben schon immer ganz wichtig gewesen. Beim Schreiben meiner Lieder kann ich all meine Gefühle mit in die Texte hineinpacken, die mich berührten. Texte, die zuletzt für ein Festzelt nicht mehr taugten. Und traurige Musik will niemand hören. Mit gemischten Gefühlen machte ich mich auf in diese Klinik. Obwohl von der Anreise mit dem eigenen Fahrzeug abgeraten wurde, hatte ich mich dann trotzdem dafür entschieden. Mit dem Zug hätte ich über eine Stunde länger gebraucht. Somit entfiel auch das Schleppen der, inzwischen doch recht umfangreich, angesammelten Gepäckstücke.

Zum ersten Mal war ich seit Wochen wieder aktiv im Straßenverkehr. Ganz wohl war es mir auf der dreistündigen Fahrt noch nicht. Immer noch die Situation vor Augen, wie ich meinen LKW in letzter Sekunde gerade noch, über den Bordstein weg halb in eine Hecke hinein, zum Stehen brachte. Nur mit dem Unterschied, dass ich mir dieses Mal meine Wegstrecke selbst aussuchen konnte. So fuhr ich schon früh morgens lange vor dem Berufsverkehr los. Ich suchte mir eine landschaftlich schön gelegene und ruhige Nebenstrecke aus. Abenteuerlich war sie schon, die Anfahrt auf den letzten 20 Kilometern. Durch eine wildromantische Berglandschaft führte mich eine schmale und Serpentinen ähnliche Landstraße. Sie brachte mich mehr als eine halbe Stunde lang stetig nach oben.

Dort endete sie dann in einem Tal und ich überlegte. Soll ich links runter oder rechts hoch abbiegen. Aber dann habe ich sie entdeckt! Wie ein etwas in die Jahre gekommenes Schlosshotel lag fast direkt vor mir die Klinik. Zwischen vielen Bäumen versteckt auf einer Anhöhe gelegen. Noch nicht ganz am Ende der Welt, aber es scheint mir auch nicht mehr weit davon entfernt zu sein.

Wo bin ich denn hier nur gelandet? Eine idyllische Lage hoch am Berg und traumhaft in Mitte des Waldes gelegen. Doch dafür hatte ich noch keinen Nerv.

Ich hatte mich ordentlich angemeldet und mein Auto für ein paar Wochen Pause in die hinterste Ecke des Parkplatzes versorgt. Dann wurde erst mal mein Zimmer begutachtet. Zwei große Fenster zeigten hinaus gegen den Berg. Hinein in eine Waldlichtung, umrahmt vom Schwarzwald, der in der Sonne dann doch gar nicht so schwarz aussah. Die Matratze war perfekt. Genauso wie ich es gerne habe, vor allem nicht zu weich. Die Handtücher waren auch in Ordnung, na ja, zugegeben, sie rochen etwas streng. Wie nach Essig. Aber das kam wohl von dem bei Reinigung vorgeschriebenen Mittel zur Desinfektion. Aber – wo bitte ist der Fernseher? Ach so, stand ja in den Papieren. Ein TV Gerät gibt es nur im TV Zimmer. O.k. - ich werde es überleben. Dafür gab es auf unserer Etage einen riesigen Aufenthaltsraum mit einem elektronischen Dartspiel, daneben stand ein Billardtisch, Tischkicker und eine große Kuschelecke. Und eine Veranda mit grandioser Aussicht durch ein Tal hinunter auf die Stadt Basel, die sich weit unter uns im Dunst ausbreitete.

Darüber hinaus hätte ich beinahe vergessen in (m)einer Klinik angekommen zu sein. Noch fünfzehn andere Patienten waren heute, zusammen mit mir angereist. Ich war schon ganz gespannt, weswegen die alle hier sind. Beim ersten Hallo, verbunden mit einer kurzen Vorstellung, konnte ich mir schon den ersten Eindruck verschaffen. Der eine scheint hyperaktiv zu sein, fuchtelte permanent mit den Armen wie ein Helikopter, der gleich abhebt und trat dabei beständig von einem Bein auf das Andere. Immer vorwärts und rückwärts wie ein Chamäleon. Der andere glich eher einer wandernden Schlaftablette. Eine Frau redete ununterbrochen und so schnell, dass ihr erster Satz schon den zweiten überholte. Vermutlich hat sie sonst nicht viel zu sagen, oder - ich weiß auch nicht. Keine Ahnung.

Das kann ja interessant werden. Und jeder von ihnen hatte ein mehr oder weniger großes Problem mit im Gepäck. Was sich im Laufe der Therapie erst herauskristallisiert hat.

Therapie – natürlich, deswegen bin ich ja hier gelandet. Jetzt war ich ja schon gespannt darauf, was hier auf mich zukommt – vor allen Dingen: Wie ersetzt man bisheriges, bloßes Funktionieren durch Lebensfreude?

Gleich nach der Aufnahme stand als erstes eine Vorstellung beim zuständigen Arzt auf dem Programm. Er war auch gleichzeitig mein Therapeut. Größe, Gewicht und so weiter wurde notiert, die üblichen Untersuchungen eben. Bei der Frage nach warum und wieso ich hier bin, da tauchte er plötzlich wieder auf.

Dieser riesige Kloß im Hals, zusammen mit der unsichtbaren Hand, die mir den Hals beinahe bis zum Atemstillstand zuschnürte. Nichts konnte ich dagegen machen, außer – schon wieder heulen. Flennen wie eine Memme, weinen wie ein kleines Kind und mich dabei völlig gehen lassen.

Aber wieso denn verdammt noch mal, ich wollte doch nur ganz ruhig und sachlich eine Frage beantworten. Über die vorangegangene Situation, die mich hierhergebracht hatte. So hatte ich es mir vorgenommen. Und jetzt saß ich wieder hier und bekomme außer undefinierbaren Tönen keinen zusammenhängenden Satz mehr aus mir heraus. Es ist nicht einfach sich so gehen zu lassen. Etwas das ich erst mal lernen musste und wie es im Laufe der Therapie noch recht oft vorkommen sollte.

Wird man hier in der Klinik etwa auf Knopfdruck zum Weinen gebracht? Was bitte geht denn hier vor? Diese erste Lektion hatte ich nun hinter mir.

Noch mit ziemlich geröteten Augen galt es die Klinik, mit der gesamten riesigen Anlage, zu erforschen. Was nur die anderen jetzt denken, die sich am Sammelpunkt mit eingefunden hatten? Der Rundgang war natürlich schon im Voraus organisiert, als Teil unseres Kennenlern-Prozesses. Und so konnten wir gleich bei dieser Gelegenheit den herrlichen Rundwanderweg kennenlernen. Den Weg, den wir dann an drei Tagen in der Woche morgens zum Walken benutzen mussten. Therapeuten sprachen von dürfen.

In der Klinik selbst wurde die Führung wieder von einem anderen Therapeuten übernommen, der wie es sich später rausgestellt hat, auch einer von jenen war, dessen Psychotherapiestunden wir in Zukunft besuchen durften. Therapie, Therapeut und Therapeutin – diese Worte schwebten nur noch um uns rum wie Motten um eine Glühbirne. Abends wurde uns der erste Anwendungsplan überreicht.

Auf ihm war alles vermerkt, was am darauf folgenden Tag auf uns zukommen sollte. An den Plan hieß es sich strikt zu halten. Überwachungsmaßnahme. Denn jede Anwendung wurde vom leitenden Therapeuten mit einem mehr oder weniger dekorativen Kringel bestätigt, was so viel bedeutet wie:" Der Patient hat sich heute bei der Gymnastik zwar dämlich angestellt, aber er hat mitgemacht und zeigt damit sein Interesse, etwas Gutes für sich zu tun". Diesen Plan gab es also immer abends nach dem Essen und war in einem eigens für jeden Patienten persönlich eingerichteten Postfach zu finden.

So stand für den nächsten Morgen für mich gleich als erstes eine Blutabnahme an, gefolgt vom wöchentlichen Wiegen und dem Messen des Blutdrucks. Ich war nie alleine unterwegs, immer machten andere Patienten mit, in der Polonaise vor dem Stationszimmer. Lediglich die Musik fehlte dazu. Sie wurde ersetzt durch unsere Nonstop-Marathonsprecherin mit dem „fehlenden Punkt und Komma-Syndrom".

Der zweite Punkt auf unserem Anwendungsplan war dann Frühstück. Richtig - die Mahlzeiten sind gemeinsam einzunehmen und ein Teil der Therapie um das soziale Miteinander zu stärken. Etwas, was viele von uns vorher nicht mehr im Alltag erleben durften oder konnten. Frühstück von halb acht bis halb neun, eine ganze Stunde lang. Ich musste mich wundern, für wie viele von den Mitpatienten diese Uhrzeit noch kurz nach Mitternacht bedeutete. Nicht für mich, ich fand es eher schon etwas spät. Die Macht der Gewohnheit, wobei ich für mich die frühen Morgenstunden als die schönsten empfinde. Noch jungfräulich weit ab vom Alltagsstress. Dafür stehe ich sogar gerne eine halbe Stunde früher auf.

Recht ungewöhnlich für mich die dritte Anwendung am ersten Tag! Denn, gleich nach dem Frühstück ging es im Rudel zum Laufen in den Wald. Die einen sind mit Walkingstöcken los, aber ich wollte mich erst mal nicht damit „belasten". Ohne Gepäck geht es doch viel schneller. So mein Gedankengang.

Ich war bisher immer der Meinung, die Dinger gehen beim Laufen nur im Weg rum, oder sie sind etwas für ältere Menschen, deren Knie nicht mehr so wollen wie sie sollten. Aber ich bin doch eigentlich noch ganz fit. Oder doch nicht?

Anschließend passierte fast nichts mehr für den Rest des Tages. Abgesehen einer kleinen Ausnahme, die Mucki-Bude, also der Fitnessraum wurde uns vorgestellt. Dort bekamen wir eine Einweisung der Sportgeräte, die in dieser Folterkammer, fachsprachlich MTT genannt, herumstanden. Und die wir, wann immer uns danach sein sollte, auch jederzeit nutzen konnten. Und sollten. MTT – übersetzt von mir, der mit Sport schon seit vielen Jahren mangels Zeit nichts mehr am Hut hatte, mit Masochistisch – Technischer - Trainingsraum.

Schon seit drei Tagen schien die Sonne vom wolkenlosen Himmel auf die Klinik. Die Sonne, die Ruhe und viel frische Luft, die so ganz anders als zu Hause war. All das wirkte sich überaus positiv auf mein Befinden aus.

Auf meinem Plan stand für den nächsten Tag lediglich am Nachmittag ein Einweisungsgespräch. Das Thema war Arbeitsrecht und kam mir sehr entgegen. Ansonsten geschah an diesem Tag wieder einmal – nichts. Für den einen oder anderen stellte sich so die Frage:

„Was machen wir hier eigentlich". Obwohl, ich für meinen Teil empfand das als perfekt, um alles Geschehene einmal in weite Ferne rücken zu lassen und dabei endlich mal wieder zu sich selbst zu kommen. Ich genoss die so verordnete Ruhe in vollen Zügen. Nicht in denen der Bahn – nein - besser gesagt, in der herbstlich warmen Novembersonne, bei achtzehn Grad auf unseren Sonnenterassen. In der gleichen Etage des Wohnblocks, in dem ich unterbracht war. Etwas wie Urlaubsgefühl stellte sich bei mir ein.

Nichts tun und in der Sonne sitzen. Auf ärztliche Verordnung. Zu Hause hätte ich doch sooo viel machen können, aber hier breitete sich, um mich herum, eine völlig andere Art von Ruhe aus.

Gewiss, ich hätte Sport machen konnten. Die Turnhalle war ja nur gegenüber. Aber ich hatte es nun einmal für mich vorgezogen, wirklich nichts zu tun. Nur die Sonnenstrahlen in meinem Gesicht zu spüren und dabei all meine Sinne auf Empfang zu stellen. Was wäre wohl gewesen, wenn es denn geregnet hätte?

Ich hatte mir vorgenommen, mich völlig einzulassen auf das, was auf mich zukommen sollte. Es fiel mir auch gar nicht schwer, für mich alleine zu sein. Nur weil meine Mitanreisenden, korrekt sollte ich Mitpatienten schreiben, sich sofort wie selbstverständlich im Rudel zum Raucherhäuschen, etwas abseits vom Gelände, verdrückten. Die Zigarette ist nun Mal ein Kommunikationsmittel. Nur mein Drang zum sozialen Miteinander war allerdings nicht so stark ausgeprägt, mich einer Formation anzuschließen. Davon abgesehen hatte mir mein Hausarzt schon vor über 35 Jahren das Rauchen abgewöhnt. Deshalb habe ich mich von der Raucdtrupe auch nicht als Außenseiter gefühlt. Obwohl ich in deren Augen offensichtlich einer war. Ich weiß nicht was auf meiner Stirn geschrieben stand, dass ich gleich von Anfang an als etwas exzentrisch angesehen wurde. Und dann machte ich auch noch einen großen Bogen um diese Clique. Aber so eine Clan Wirtschaft war noch nie mein Ding. Ich muss auch nicht jedermanns Darling spielen, nur um einer von ihnen zu sein.

Eine gleich zu Beginn vom Arzt gestellte Frage sollte sich von nun an, wie ein roter Faden, durch meinen gesamten Klinikaufenthalt ziehen. „Welches Ziel möchten Sie in dieser Zeit erreichen?" Eine Frage, die erst einmal einer kleinen Überlegung bedurfte. Stecke ich mir mein Ziel zu hoch, bin ich danach enttäuscht, es nicht erreicht zu haben. Ein Beinbruch wäre einfacher. Mein Ziel wäre, danach wieder ohne Probleme laufen zu können. Aber welches Ziel habe ich? Meine Situation am Arbeitsplatz wird sich so keinesfalls ändern lassen, denn dazu müssten meine Vorgesetzten hier sitzen. Aber was mache ICH dann hier? Ich, der meiner Meinung nach doch immer alles richtiggemacht hat. Für meine Antwort brauchte ich dann doch nicht allzu lange, um zu überlegen.

„Ich würde gerne wieder die innere Ruhe und Ausgeglichenheit finden, die ich vor Jahren noch hatte. Ich möchte gerne wieder der Mensch sein, den meine Frau vor Jahren kennengelernt hat, der ihr die Geborgenheit geben kann, die sie gesucht und in meiner Person gefunden hat. Und, ich möchte wieder der Mensch sein, der die Verantwortung für eine Familie mit zu tragen in der Lage ist".

Ist dieses Ziel zu hoch angesetzt? Kann man das in nur ein paar Wochen Therapie schaffen? Diese Fragen galt es zu beantworten und genau deshalb war ich hier. Therapien wurden in verschiedenen Formen angeboten und was mich überrascht hatte, ich konnte mir Therapien für mich aussuchen, die ich für mich als geeignet ansah. Lediglich beim Sport konnte ich keinen Einspruch erheben, das war im Wunschkonzert nicht vorgesehen. Es war Pflicht, ob einer wollte oder nicht.

Sporttherapie

Ich bin ein fauler Sack! Allerdings war das nicht immer so. Im Gegenteil vor vielen Jahren betrieb ich Sport fast schon extrem. Als es mir meine damalige berufliche Tätigkeit noch erlaubte, ins Fitnessstudio zu gehen, wann immer ich nur wollte. Aber das ist schon eine Weile her und sollte sich hier sehr deutlich bemerkbar machen. So stand Sport von allen Therapien an erster Stelle. Sport, der für mich immer Mord gleichkam, wurde hier in der Klinik stets vom zuständigen Arzt angeordnet. Und angepriesen wie ein Sonderangebot.

Ansonsten hätte ich mich wahrscheinlich dagegen entschieden. Nur der Bequemlichkeit halber. Als nach den ersten paar Mal im gemeinsamen Rudellaufen mein anfänglicher Muskelkater verflogen war, fand ich sogar sehr schnell Spaß daran. Die Wegstrecke durch den Wald habe ich deshalb öfters gänzlich ohne ärztliche Anordnung gemacht. Begleitet dabei nur von meiner Kamera. Zum einen Mal um all die bunten Blätter an den Bäumen in all ihren wundervollen Herbstfarben abzulichten. Zum anderen die Ruhe mit Bewegung an frischer Luft zu kombinieren und dabei noch etwas zu machen was mir Spaß bereitet, nämlich das Fotografieren. Ich hatte ja auf einmal Zeit, was lange Jahre für mich zuletzt ein Fremdwort war. Neben Rudel-Walking gab es dann noch Wasserballett und weiter, jeweils unter Berücksichtigung der körperlichen Fähigkeiten, ein persönlich zugeschnittenes Workout unter Anleitung an diversen, fiesen Foltergeräten.

Welch ein Luxus, Daumen hoch für einen „Urlaub" mit Personal Trainer.

Den man sich so ganz privat nicht zu leisten vermag. Trainieren und schlaffe Muskeln stärken. In meinem Fall ein Versuch, bereits abgestorbene Muskeln wieder zu beleben. Reanimation als Teil einer Turnstunde. Natürlich nicht ohne sich vorher, auf dem am Hallenboden festgeschraubten Fahrrad ohne Räder, richtig aufzuwärmen. Der Kreislauf soll ja schließlich in Schwung kommen. Was mich erstaunte, jedes Mal nach einer therapeutischen Turnstunde feststellen zu dürfen, wo in meinem Körper verteilt Muskeln stecken, von denen ich bisher noch gar nichts wusste. Auch extra angepasste Wirbelsäulengymnastik stand auf dem Anwendungsplan, die uns mit offensichtlich enorm viel Spaß seitens der Therapeutin nähergebracht wurde. Nein, nicht Spaß daran uns zu quälen, sondern sie hat es mit so viel Spaß am Sport mit dermaßen Power und Elan rübergebracht, dass nicht nur ich immer mehr Spaß an sportlicher Betätigung in der Art gefunden habe. Ganz deutlich musste ich leider schnell feststellen, wie sehr vernachlässigt und verkümmert sich mein körperlicher

Bewegungsablauf der Runde präsentierte. Um professionell Ballett zu tanzen, wird es mir mein Leben lang nicht mehr reichen. Mir wurde aber deutlich gezeigt, an was ich in Zukunft arbeiten muss. Und das auch tun werde. Für sportliche Menschen, die meine Leistungen mit einem müden Lächeln abtun, gab es hier in der Klinik natürlich noch ganz andere Möglichkeiten, wie z. B. Tae Bo. Eine Mischung aus Kampfsport und Boxen. Hervorragend geeignet, um sich körperlich voll zu verausgaben, Aggressionen abzubauen und dabei gleichzeitig sein eigenes Ich zu stärken. Doch von derartigen Sportarten war ich noch sehr weit entfernt und zu sehr damit beschäftigt, mit meinen ausgestreckten Armen zumindest andeutungsweise meine Zehen zu erreichen. Wobei ich ehrlich gesagt schon allein mit der Navigation in Richtung Zehen überfordert war. Sie waren außerdem von meiner Hand am ausgestreckten Arm, geografisch gesehen, viiiel zu weit weg.

Neben der Sporttherapie gab es natürlich noch einige andere Therapien.

Die auch sicherlich erwähnenswert wären, aber die laut meinem Anwendungsplan für mich jedoch nicht auf dem Programm standen. Somit kann ich nur von den Stationen berichten, die ich durchlaufen durfte. Ein paar Monate später gesehen, für mich doch ganz erfolgreich.

Psychotherapiegruppe

Voller Erwartung war ich nun das erste Mal dabei. Was geschieht hier? Was ist meine Rolle, was passiert mit mir. Eigentlich nichts und doch so unendlich viel. Wenn man sich darauf einlässt, es kann und richtig will. Alle Teilnehmer saßen in einem Kreis und der Therapeut ließ erst der gesamten Gruppe ausgesprochen viel Zeit, sich mit ihren Gedanken zu sortieren. So viel Zeit, dass nicht nur ich erst einmal äußerst irritiert war. Zeit und Raum bestimmten diese eingelegte künstliche Pause. Gar nicht so einfach, wenn einem so viel durch den Kopf geht. Dazu noch lauter fremde Menschen um mich herum, die alle nur darauf warten, dass endlich mal jemand etwas sagt. Eindringlich und fordernd beobachtete der Therapeut die Runde. Fast belustigend, hatte ich das Gefühl. „Hallo? Was gibt es denn da zu lachen? So belustigend finde ich die momentane Situation nun auch wieder nicht!" Schoss es mir durch den Kopf.

Viele Gedanken durchflossen meinen Kopf, bis der Therapeut endlich rettend in die Situation eingriff. Mit einfachen Fragen, die aber überhaupt nicht einfach waren, sie zu beantworten. Namentlich wurden wir angesprochen mit Fragen wie: „Wie fühlen Sie sich heute?" „Was geht im Moment in Ihnen vor, was bewegt Sie gerade?" Verlegen schauten die Meisten aus der Gruppe vor sich auf den Boden. Oder auf irgendeinen fiktiven Punkt in weiter Ferne. Und in diese Stille hinein sollte ich dann auch noch laut erzählen, was mich im Moment beschäftigt. Sollte ich ehrlich sagen: „Ich bin schon ganz gespannt, warum mein gegenüber hier sitzt. Genau der, der den ganzen Tag Witze reißt. Und immer nur lacht? Oder das junge Mädel, mit ihren vielleicht höchstens 20 Jahren, die immer nur still vor sich hin auf den Boden blickt. Was macht denn ein so junges Mädel überhaupt hier? In dem Alter?"

Ach so, halt, ich bin ja eigentlich hier, um heraus zu finden was mit MIR los ist. Was ist die Ursache MEINER momentanen depressiven Situation? **Depression**. Das ging total unter, zwischen all den fröhlichen Menschen in der Klinik, die man so nach und nach kennenlernen durfte. Und in so einer Runde sollte ich nun etwas ganz Persönliches sagen, nämlich genau das was mich in meinem tiefsten Inneren gerade beschäftigte? Was geht denn das die Anderen an?

Irgendjemand machte dann doch den Anfang, nach einer gefühlten Ewigkeit in schweigsamer Runde. Und was dann kommt – Hut ab. Darüber zu reden hätte ich mich nie getraut. Verständlich, dass ich jetzt nicht auf Details eingehen möchte.

Aber das, was ich an dieser Stelle erfahren durfte, kann und möchte ich anständigerweise so nicht weitergeben. Außerdem: Datenschutz. Nur so viel kann ich dazu beitragen, ich durfte für mich feststellen, wie gut es mir eigentlich noch ging. (M)ein erster spürbarer Schritt nach vorne.

Nicht lange und auch ich habe mich dann in einer der nächsten Stunden doch noch getraut, mein tiefstes Inneres nach außen zu drehen. Als es dann einmal ausgesprochen war, ging alles auf einmal wie von selbst. Aber es hatte nicht nur mich unwahrscheinlich Überwindung gekostet, in Tränen aufgelöst, mit dem dicksten Kloss im Hals den man sich nur vorstellen kann, zwischen lauter fremden Menschen um sich herum, darüber zu reden, wie es einem im Innersten wirklich geht.

Welche Baustelle hatte sich da aufgetan? Nur gut, dass es den anderen Mitpatienten im Raum genau so erging. Selbst Männer in Übergröße wurden hier zu weinenden Kindern und wir alle in dieser Runde konnten verstehen, was in so einem Moment in einem Menschen vorgeht, der hier vor versammelter Runde **Nackt und bloßgestellt** wird.

In unserer Gruppe waren aber auch Teilnehmer (hört sich besser an als Patienten) die leider nicht in der Lage waren, sich in solch einer Runde völlig öffnen zu können. Eigentlich schade für sie, denn sie werden sehr wahrscheinlich genauso wieder zu Hause ankommen, wie sie hier in der Klinik angekommen sind. Lag es daran, weil sie sich nicht einlassen konnten auf dieses Spiel, was sich Therapie nennt. Oder lag es vielleicht an der Schwere ihrer Erkrankung, die bei den Meisten von ihnen nur mit Medikamenten auszuhalten war. Das war jedoch wieder einmal ein positiver Lichtblick für mich und ich glaube für meinen Teil hier verstanden zu haben, um was es geht. Um somit meinem Ziel, was ich mir gesetzt hatte, zumindest wieder ein kleines Stück näher gekommen zu sein.

Sicherlich ist Ihnen nun beim Lesen nicht entgangen, dass ich sehr oft die Wörter ich, mich und mein benutze. Das habe ich völlig bewusst so formuliert und geschrieben, denn letztendlich habe ich mich voll und ganz darauf eingestellt, mich in dieser Klinik mit all meiner Kraft von meinen eigenen Problemen zu lösen. Und nicht meine Kräfte sinnlos dafür zu verschwenden, die Probleme anderer Mitmenschen zu lösen. Das hat in diesem Falle nichts mit Egoismus zu tun, wie mir später in der Gruppentherapie für Depressionsbewältigung bestätigt wurde. Intuitiv war ich, ohne es zu bemerken, auf dem richtigen Weg.

Arbeitsplatzkonfliktlösung

Wieder sitzen wir zusammen, in einer neuen Konstellation und in froher Runde zur Gruppentherapie. Nicht immer sind die gleichen Teilnehmer aus der gleichen Gruppe, derweil jede Woche neue Zugänge und Abreisen sind.

Wir haben so die Möglichkeit, viele andere Problemsituationen kennenzulernen, die andere Menschen ebenfalls am Arbeitsplatz haben. Somit öffnet sich unser Blickwinkel und das Kennenlernen anderer Probleme erleichtert es, an uns selbst zu arbeiten und Vergleiche zu ziehen. Gleich bei der ersten Sitzung wurde vom Therapeuten zu Beginn eine Konfliktsituation geschaffen, von der keiner von uns wusste, ist das jetzt ernst, oder ein Teil der Therapie. Bei einigen blieb der Mund offenstehen, bei anderen fehlte nicht viel und sie hätten die Runde verlassen.

„Nein, in diesem Ton lassen wir nicht mit uns umgehen" war zu hören. Ich selbst sehe es für mich als eine positive Eigenart, dass ich erst mal in aller Ruhe beobachte, was um mich herum vorgeht. Natürlich hatte es mich innerlich auch berührt, was da eben geschah – aber ich kann so etwas gut wegstecken. So unter dem Motto: „Erst mal abwarten und Tee trinken." Für andere wiederum war diese anscheinende Teilnahmslosigkeit meinerseits dagegen wie Öl ins Feuer gegossen. „Wie kann dir dieser Umgangston so was von piep egal sein?" oder „Wie kann man nur so gleichgültig sein – du sagst wohl zu allem immer nur Amen?" „Nein, das tue ich natürlich überhaupt nicht". Wie hätten die anderen Teilnehmer denn auch wissen können, dass es mich sehr wohl im Innersten ebenfalls aufwühlt. Nur eben ohne es vorzuzeigen.

So waren wir schon mitten drin in einem Konflikt und es entwickelte sich ein heftiges Streitgespräch innerhalb der Gruppe. Bis der auslösende Therapeut, der genau wusste was passieren wird, sich sachlich in die Diskussion mit einhakte. Kleine Ursache mit extremer Wirkung, vom Therapeuten perfekt und absolut glaubhaft inszeniert. So hatte am Ende jeder von uns wieder einen Teil dazugelernt. Noch Tage später haben wir uns über diese unvergessliche Stunde unterhalten. Die Stunde, die uns nicht nur ein ganzes Stück näher zueinander gebracht hatte, sondern auch für jeden wieder einen kleinen Schritt nach vorne bedeutete.

Im Besonderen wurde durch diese Lektion das Vertrauen unter uns gestärkt und es fiel einem von Tag zu Tag leichter, sich zu öffnen. Wieder hat es sich gezeigt, wenn man sich auf so eine Therapie einlassen kann und will, versucht den Sinn zu verstehen und dabei auch möglichst aktiv mitmacht, darf man nach ein paar Wochen wohl einige neue Erfahrungen mit im Gepäck nach Hause nehmen. Was sich später im Alltag durchaus positiv verwerten lässt. Ich schreibe nicht von „geheilt nach Hause entlassen", aber mit einem geöffneten Blickwinkel an eine neue Herausforderung im Leben ran zu gehen sehe ich doch schon als enormer Fortschritt, sich seiner Krankheit entgegen zu stellen.

Kunsttherapie

„Was ist denn das" war meine erste Frage, „was macht man da?" Und was hat denn Kunst überhaupt mit Depressionen und deren Therapie zu tun.

Wenn ich mich gerade in einem dieser „Null Bock auf Nix" Momente befinde, die von ärztlicher Seite als depressive Phase bezeichnet wird, dann habe ich auch gar nicht erst Lust darauf, irgendeinen Quatsch zu basteln! Geschweige denn ein Bild zu malen, davon habe ich ja sowieso keine Ahnung. Und außerdem: „Ist Kunst nicht nur was für Schnösel oder Leute, die denken, etwas Besonderes zu sein, nur weil sie vielleicht finanziell bessergestellt sind"?

Sollen wir hier in der Kunsttherapie, gerade jetzt in der Vorweihnachtszeit, vielleicht aus irgendetwas Christbaumschmuck basteln, oder gar aus Zeitungspapier Engelchen falten? Ist das nicht nur etwas für Kinder? Schon in den ersten Stunden sollte ich dann aber eines anderen belehrt werden. Wir hatten die Auswahl von „Bildhauer"-Arbeiten mit Speckstein, kreatives Töpfern mit Ton und Malen oder Zeichnen. Das klang auf alle Fälle inzwischen doch gar nicht so uninteressant, als wir einige Werke vorangegangener Patienten zu Gesicht bekamen. Jetzt bekam ich doch einen etwaigen Schimmer, was da auf uns zukommen könnte. Meine Erwartungen aber, was die Vorfreude zum künstlerischen Schaffen anbetraf, waren schon im nächsten Moment wieder auf null gestellt. Von einem Moment zum nächsten.

Bei der Arbeit mit dem Speckstein wird erst mal ein grobes Gebilde aus einem dicken unförmigen Brocken herausgearbeitet. Wie ich bei den Anderen in dieser „Bastelgruppe" gesehen habe und somit auch miterleben durfte, muss es ein tolles Gefühl sein, wenn unter den unerfahrenen Händen auf einmal eine wunderschöne Form entsteht. Unterstrichen wurde die Schönheit einer Steinskulptur noch von einer äußerst harmonischen Maserung, wie es sonst nur bei Hölzern der Fall ist. Es wurde also geklopft, geraspelt und begutachtet und wir hatten echt viel Spaß. Natürlich wurde auch dem Nachbarn mal über die Schulter geschaut. Mal wurde mir ein Tipp gegeben und mal habe auch ich die anderen mit meinem Senf beglückt. Es war immer ein sehr angenehmes miteinander. Bei der Arbeit mit dem Stein konnte so jeder die Erfahrung machen, es braucht viel Zeit um etwas zu erreichen. Also nichts für ungeduldige Menschen, die aber dafür anschließend umso mehr berechtigt stolz sein können. Ein schnelles Ergebnis vor sich zu haben, das funktionierte so also nicht. Geduld wurde so trainiert und Zielstrebigkeit. Die Belohnung dafür: wunderschöne Skulpturen die eine Ausstellung wirklich verdient hätten. Und kaum zu glauben, sie wurde von Menschen geschaffen, die bis dato mit Kunst noch nie etwas am Hut hatten.

Mit Ton arbeiteten in der Gruppe, in die ich hineingekommen war, leider nur Wenige. Es liegt vielleicht daran, dass man schmutzige Hände bekommt. Eigentlich schade, denn ich durfte später auch noch meine Erfahrung damit machen und es war sicherlich nicht das letzte Mal. Aber wer sich für das Töpfern entschieden hatte, lag damit ebenfalls goldrichtig.

Es gilt erst einmal die graue Masse mit viel Schwung auf den Boden zu werfen, um das Material auf diese Art und Weise zu verdichten. Das hatte schon etwas von Aggressionen abbauen. Anschließend wurde dann weichgeknetet, gedrückt und gezogen, um dann zuzusehen, wie sich langsam eine Form entwickelt. Interessant wie sich ein Stück „Dreck" in der Hand zu einem kleinen Kunstwerk entwickeln kann. Wenn dann zu guter Letzt noch Glasur aufgetragen ist und das gute Stück sich nach dem Brennen hochglänzend präsentiert, wundert sich manch einer, was für versteckte Fähigkeiten er besitzt, von denen er bisher noch keinen Schimmer hatte. In solchen Momenten geraten Kummer und Sorgen, mit all dem was einen bedrückt, ganz weit in den Hintergrund.

Lassen sich Depressionen so einfach zur Seite schieben? Natürlich nicht, aber kleine Durchhänger rücken so etwas weiter von einem weg. Man kann so eher erkennen, was positive Ablenkung erreichen kann.

Vorausgesetzt, der normale Wahnsinn im Alltag lässt das zeitlich zu. Nur ein kurzer Gedankengang, aber schon wieder gelangte ich auf Grund dessen immer wieder an dem Punkt an, an dem ich glaubte wieder auf Anfang zu stehen. Ich begann damit, wieder in mein Loch hinabzusteigen um nachzugrübeln, was das alles noch für einen Sinn macht. Wieso gibt es keinen Programmschalter in meinem Körper, der einen einwandfreien harmonischen Ablauf meines Lebens garantiert? Die letzten Monate wären sicherlich völlig anders verlaufen.

Zurück zur Kunsttherapie. Ich hatte mich für Malen, besser gesagt für das Zeichnen, entschieden. Als Kind in der Schule habe ich schon gerne gemalt und gezeichnet. Aber wie der Lauf des Lebens mich gelenkt hat, hatte ich seither so gut wie nie mehr Zeit und die Muße dafür. Auch hielt ich mich nie für besonders begabt für diese Art von „Zeitverschwendung", die etwas für Menschen im Rentenalter ist, die derer genügend davon haben. Sollten.

Inzwischen war ich schon seit drei Wochen in Therapie und ich glaubte, nur langsam zu meiner inneren Ruhe zurück zu kommen. Es gab Momente, in denen ich alles vergesse hatte was um mich herum geschah. Im nächsten Moment sinnierte ich wieder wie stumpfsinnig in mich hinein. Ich bemitleidete mich selbst, warum ich die positiven Seiten des Lebens nicht mehr sehen kann. Oder will?

Mit einem herrlichen Morgenrot, perfekt als Vorlage für ein Gemälde in der Kunsttherapiestunde, begann ein neuer Tag. Wenn ich Sonne und blauer Himmel über mir habe, geht alles sowieso schon viel besser. Es war ein Tag um Helden zu zeugen. Keine Ahnung wer diesen dämlichen Spruch erfunden hat, ich nehme ihn um den Tag umgangssprachlich als sehr schön zu beschreiben. Zu Beginn der Therapiestunde legt jeder von uns erst einmal offen, wie wir uns im Moment fühlten und was uns gedanklich bewegte oder zuletzt bewegt hat. Immer unter Anleitung der Kunsttherapeutin, die uns weder bedrängend noch fordernd gegenübertritt.

Sie verstand es hervorragend, eine spannende und gleichzeitig entspannende Situation zu schaffen. Die nicht nur mir Wohlgefühl bescherte. Als die Arbeitsmaterialien an diesem Tage alle verteilt waren, fing ich an zu zeichnen. Ich hatte mich für den Bleistift entschieden, der Tag fing so schön bunt an und ich hatte das Gefühl, alle diese Farben nur in schwarz auf weiß mit all ihren Grauschattierungen zeichnen müssen.

So begann ich eine Rose zu zeichnen. Mit Blättern und Stiel, genauso wie ich sie mir als Vorlage auf dem Tisch bereitgelegt hatte. Aus einer Rose wurden dann letztendlich vier an der Zahl. Ich wollte ein lustiges Bild malen und dachte mir, anstelle einer Blumenvase setze ich die Rosen in eine Toilettenkeramik. Auf gut Deutsch in eine Kloschüssel! Ich ließ meiner Hand freien Lauf ohne nachzudenken. Alles um mich herum war an diesem Moment wie ausgeblendet, so stellte ich mich dieser Herausforderung. Ich hörte auch die Steine Klopfer nicht mehr.

Auch nicht mehr das Lachen der Anderen, die ebenfalls mit Malen und mit Töpfern beschäftigt waren. Wie von Geisterhand wurde meine Hand über das Papier gezogen. Nun ist eine einmal gezeichnete Linie nicht mehr rückgängig zu machen und weil mir die statische Anordnung der Rosen in ihrer außergewöhnlichen Vase als unmöglich erschien, kamen neue Striche dazu. Eine Rankenhilfe wurde daraus geschaffen. Als i-Tüpfelchen fehlt dem Bild noch der Wasserabzug, der in Form einer alten Kette von oben ins Bild hineinhängen sollte.

Was aber dann passierte, ist mir bis zum heutigen Tag äußerst eindrücklich hängen geblieben. Etwas was ich nie im Leben gedacht hätte, auch dass so etwas überhaupt passieren kann. Ich bekam schlagartig meinen, inzwischen schon bekannten, dicken Kloss im Hals, der mich fast zu ersticken drohte. Ich begann so heftig zu weinen wie noch nie und musste den Raum mit diesem Bild das vor mir lag, verlassen. Was zum Teufel war denn jetzt passiert?

Noch Tage hatte es gebraucht, dieses Bild wieder anzuschauen zu können. Denn das, was ich da vor mir liegen sah, war für mich an diesem Tag der Entstehung keine witzige Zeichnung mehr.

Die Interpretation eines Bildes liegt nun mal immer im Auge des Betrachters und ich hatte in diesem Bild meine momentane, beschissene Lebenssituation gesehen. Ich kam mir vor wie die Rose, die noch mit erhobenem Kopf dastand. Allerdings mit den Füßen schon fest steckend in der sprichwörtlichen Schei . . - also im Dreck. Gottseidank kam dann die beschriebene Rankenhilfe dazu. Sie hatte in diesem Moment für mich symbolisch für die Reha-Klinik mit ihren hilfreichen Therapien gestanden. Die Klinik, die dafürsteht, mich und mein Leben noch einmal abzustützen. Vor einem halben Jahr hatte schon jemand diesen Abzug in der Hand. Hätte jetzt einer der Menschen, die in meinen Augen für mich an meiner durch Stress verursachten Depression schuld waren, den Abzug in Form dieser Kette betätigt, dann - ?

Noch heute, inzwischen Monate danach, muss ich schwer schlucken, wie weit ich dieser Zwangsvorstellung (nennt man das eine Depression?), verfallen war. Danke an dieser Stelle der Therapeutin, die sich danach sehr viel Zeit mit mir gelassen hatte. Eine unerwartete und hammerharte Erfahrung für mich, was Kunsttherapie bedeuten kann. Unbewusst sein innerstes Ich sichtbar zu machen und mit all dem, was einen bedrückt oder sonst wie bewegt, ehrlich offen zu legen. Dabei ließ ich doch nur, ohne weiter darüber nachzudenken, einfach meine Hände treiben. Ein Bild als Spiegelbild meiner Seele wurde geschaffen. Ein Bild, das ich selber so nicht gezeichnet habe. Eine Erfahrung die jeder zu Hause im stillen Kämmerlein für sich ausprobieren kann.

Auf diesem Weg habe ich wieder eine Freude entdeckt, die lange und tief in mir im Verborgenen schlummerte. Malen und Zeichnen, also doch nicht nur was für Rentner oder Menschen, die von Langeweile geplagt werden. Mit den einfachsten Mittel, nämlich nur mit Bleistift und Tinte, habe ich angefangen Cartoons zu zeichnen. Noch während meines Aufenthaltes in der Reha sind so an die 30 Bilder entstanden, nichts Professionelles oder Weltbewegendes. Trotzdem habe ich wieder Spaß gefunden, mich musisch zu betätigen. Vor allem Zeit gefunden, die ich ganz allein nur für mich nutzen darf. Und genau so möchte ich weitermachen.

Ein schöner Ausgleich, um zumindest die kleinen Sorgen im Alltag in die Ferne rücken zu lassen. Und vielleicht gefallen dem einen oder anderen Leser die Skizzen, die so extra für dieses Buch entstanden sind. Angestoßen durch die Kunsttherapie, mit der ich erst überhaupt nichts anzufangen wusste.

Vollbad als Therapiestunde

Das gibt es wirklich, so was hätte ich mir im Leben nie träumen lassen. Stand da am Abend auf meinem Therapieplan für den nächsten Tag tatsächlich: Bad / Physioabteilung. Hä? Ist das kein Druckfehler, was soll ich mir denn darunter vorstellen? Klar weiß ich, was ein Bad ist und packte meine Badesachen ein.

Meine Badehose, meine blauen Lat-
schen und ein großes Handtuch. Bad! Ich
dachte da so an Schwimmen, Wasserball
oder Aqua Aerobic.

Schnell über den kalten Hof gelau-
fen und direkt hinein in die gut beheizte
Physioabteilung. Aber war das Hallenbad
nicht im anderen Gebäude? Zuerst stutzte
ich, musste dann aber doch noch einmal

einen Blick in meinen Therapieplan hineinwerfen. Es stimmte alles, also hatte ich mich in der Physio angemeldet und was passierte? Der Bademeister hatte mir ein Wannenbad eingelassen. „Ich glaube ich spinne" ging mir durch den Kopf. Die Wassertemperatur perfekt eingestellt, so musste, besser gesagt durfte ich in diese riesig große Badewanne einsteigen und der Länge nach ausgestreckt volle 20 min. entspannen. Frau Doktor, wenn ich so liege, dann geht es mir gut!

Nun lag ich da, lang ausgestreckt in einer riesen großen Badewanne. So was habe ich ja nicht einmal zu Hause. Das ist ja der Wahnsinn. Einen passenden Badezusatz durfte ich mir zu all dem auch noch aussuchen. Ich hatte darüber hinaus wieder einmal mehr komplett vergessen, wegen was ich eigentlich hier in der Klinik war. Aber das hier waren ja 5 Sterne. Hotelservice vom Feinsten. Es stimmt einfach alles. Mit jedem Vollbad entrückte meine innere Unruhe etwas weiter in die Ferne und sorgte dafür, dass mein Kopf-Kino immer öfter auf Pause schaltete.

Mit Freude durfte ich abends feststellen, dass ein Bad für den nächsten Tag wieder auf meinem Plan vermerkt war.

Nicht nur heiße Vollbäder sorgten für absolutes Entspannungsprogramm. Nein, es gab auch heiße Fangopackungen. Und Wärmetherapie, bei der man lediglich mit einem Tuch über der Kleidung zugedeckt auf einer Ruhebank liegt und bei der man mit leiser Musik, oder auch ohne, auf das Herrlichste vor sich hin meditieren kann. Sich einfach treiben lassen und die wohltuende Wärme genießen.

Nicht ein einziges Mal sind mir Gedanken an die Arbeit, mit dem ganzen Stressprogramm drum herum, in den Kopf gekommen. Wie weggeblasen die Gedanken, die mich innerlich zermürbten und mich letztendlich hierher in diese Klinik brachten. Gibt es eigentlich so etwas vielleicht auch auf Rezept nach der Reha, wenn ich wieder zu Hause dem normalen Alltag entgegentreten muss?

Depressionsbewältigungsgruppe

„Hier geht es wohl wieder ans Eingemachte." So meine Gedanken. „Hier werden wir wieder nach allen Regeln der Kunst auseinandergenommen.

Und zum Weinen gebracht" Allein schon das lange Wort „Depressionsbewältigungsgruppe" in unserem Anwendungsplan, in dem so vielen Buchstaben drinstecken. Was sich dahinter wohl verbergen mag? Neben Psychotherapie einer der wichtigsten Gruppenarbeiten, wie ich sehr schnell erfahren durfte. Hier sitzen wir nicht wie bei der Psychotherapie in einem leeren Raum, in dem nichts ablenken soll von dem, was wichtig ist. Hier sitzen wir in völlig gelöster und lockerer Runde an Tischen, jeder so wie er sich wohl fühlt. Die einen haben ihre Kaffeetasse dabei, während sich andere nebenbei mit ihrem Strickzeug beschäftigen. Oder am Fenster stehend sich mit in die Runde einbringen, während sie zwischendurch die Aussicht hinunter ins Tal genießen.

In den ersten Stunden ging es erst einmal um das Allgemeinwissen, was ist eine Depression eigentlich und wie kommt sie zustande. Ganz sachlich und ohne persönlichen Seelenstriptease einzelner Mitpatienten, die dieser Gruppe zugeteilt waren. In Form einer Spirale, die sich langsam nach unten bewegt, so wurde uns der Verlauf einer typischen Depression eindrucksvoll bildlich dargestellt.

All die vorangegangenen Tage hatte ich mir keine Gedanken mehr darübergemacht, über meine zu Beginn erwähnte Diagnose: **Depression**. Und jetzt redeten wir auf einmal über: fehlender Antrieb, Kraftlosigkeit, innere Unruhe und Ängste die oft völlig gegensätzlich überspielt werden, Angst vor der Zukunft was passiert, wenn? Keine Freude mehr an kleinen Dingen des Lebens, Motivation etwas zu unternehmen – Null, alles wird nur noch negativ wahrgenommen, Schlafstörungen und, und, und…. Das kenn ich doch alles? Auf einmal wurde mir klar vor Augen, wie weit ich, in dieser von mir bildlich dargestellten Spirale, schon unten

angekommen war. Auf meiner Zeichnung
wäre das exakt am Stoppschild, bevor der
Ofen ganz aus ist.

Auf einmal hatte ich wieder alles vor meinen Augen. Der letzte Sommer, mit all dem was uns hier vorgezeigt wurde. Nach der Arbeit keine Lust mehr noch irgendetwas anzufangen. Ob wohl ein Badesee nur ein paar hundert Meter vom Haus entfernt liegt, konnte ich mich in diesem Jahrhundertsommer nicht einmal dazu aufraffen, abends noch schnell eine viertel Stunde schwimmen zu gehen. Weil ich einfach nur müde war. An freien Tagen hatte ich es vorgezogen, mich am hellen Mittag ins Bett zu legen, weil ich einfach nur schlafen wollte. Und alleine sein. Wenn es abends wieder dunkel wurde, dann habe ich mich selbst bemitleidet.

Wieso bin ich so bescheuert, solch einen wundervollen Tag nicht ausgenutzt zu haben um etwas zu tun, was mir Spaß macht.

Der Wille war ja da, aber ich konnte nicht. Nicht einmal meine Frau mehr konnte mich dazu bewegen, einen noch so kleinen Spaziergang in die Natur zu unternehmen.

Viel zu sehr war ich damit beschäftigt, nicht nur mich und meine beruflich nicht mehr zufriedenstellende Situation in Selbstmitleid zerfließen zu lassen. Mein ganzes Leben hatte ich darüber hinaus in Frage gestellt.

Der Hase im Pfeffer, liegt der jetzt an mir oder an meiner beruflichen Situation? Diese Frage sollte nun hier, in einer von diesen Gruppenstunden geklärt werden. Einer der Diskussionsbeiträge in dieser Runde, unter aufmerksamer Führung unserer Therapeutin, war: Was ist zu tun, wenn ein Arbeitnehmer den Forderungen in der Firma nicht mehr nachkommen kann? Die Betonung liegt auf kann! „Ich kann daran doch nichts ändern, ich mache doch nur das, was von mir verlangt wird. Und ich will das nicht nur gerade so, sondern ich will das gut machen", so mein Einwand in die Runde. „Richtig" wurde mir von der Therapeutin bestätigt. „Ja aber dann müssten doch meine Vorgesetzten hier sitzen, denn **DIE** sind doch schuld, dass ich mich fertig und ausgebrannt fühle.

DIE sind doch schuld, dass ich einfach nicht mehr nachkomme und dem Druck nicht mehr gewachsen bin. **DIE** sind ja schuld, dass ich mich permanent nur gedrückt fühle und ich mit der jetzigen Situation nicht mehr klarkomme. Warum sitze dann **ICH** hier und nicht **DIE**?" so mein nächster Einwand, den ich als berechtigt fand.

Die Antwort der Therapeutin war kurz und ernüchternd: „Wenn sich diese Situation nicht ändern lässt, dann müssen **SIE** eben etwas an **SICH VERÄNDERN**".

Auffälliges Schweigen in der Runde. Es kann ja nicht sein, dass die Lösung so einfach sein sollte. Ja aber, nochmals aber und noch mehr aber kamen als Einwände jetzt von den verschiedensten Seiten an. Dieses interessante Thema bis ins letzte Detail zu beschreiben, dazu müsste ich jetzt ganz tief einsteigen. Ich möchte allerdings bei meiner einfachen Erzählung bleiben und möchte damit lediglich in Kurzform aufzeigen, wie nahe die Lösung eines Problems sein kann.

Und dies zu erkennen unser Krankheitsbild leider nicht zulässt. Und was letztendlich jeder für sich alleine individuell umzusetzen hat. Dass es damit einem leichtgemacht wird, habe ich nicht gesagt. Auch wurde der Weg für mich nicht ohne Steine, von denen es noch die letzten an die Seite zu räumen gilt.

Entspannung & Meditation

Damit ist leider weder Kaffee, noch Whisky oder das Lesen einer Zeitung gemeint.

Auf meinem Therapieplan stand: Entspannung nach Jacobsen. Eine Therapie, bei dem es darum geht, Anspannung und Entspannung bewusst wahrzunehmen und sie zu spüren. Meine erste Stunde verließ ich auch, im wahrsten Sinne des Wortes, wirklich entspannt. Zumindest geistig. Die Therapeutin gab uns mit ruhiger und sonorer Stimme ihre Anweisungen. Die meisten Teilnehmer lagen mit geschlossenen Augen bequem unter einer Decke auf den Liegematten, während andere aus der Gruppe eine entspannt sitzende Position bevorzugten. Zu denen auch ich mich zählte. Ich saß also auf meinem Stuhl und auf Anraten der Therapeutin fixierte ich einen imaginären Punkt im Raum. Nun ist mir die Gabe gegeben, dass ich von 100 bis auf null sofort runter schalten kann. Vorausgesetzt der Moment und die Situation lässt es zu. Was hier ja der Fall war.

Schön und entspannt saß ich also auf meinem Stuhl. Eine Couch wäre natürlich perfekt gewesen, aber wie auch immer, ich hörte zu.

Dabei sollte ich den Anweisungen eigentlich Folge leisten. Muskeln anspannen – Pause – und bewusst wieder lösen. Dabei beobachten wie sich die Entspannung anfühlt. Beobachten, wie sich die Entspannung ausbreitet. Ergänzend mit leisen, meditativen Klängen aus der Konserve. Von mir aus hätte das auch von monoton geschlagenen Trommeln oder Klangschalen herbeigeführt werden. Das hätte auch gepasst. Manch einer, der sich noch nie mit dieser Entspannungstechnik befasst hat, wird beim Lesen dieser Zeilen denken, was ist denn das für ein Kokolores. Das dachte ich auch beim ersten Mal, wie mir über Entspannung nach Jacobsen erzählt wurde.

Für mich hatte das Ganze also beim ersten Mal schon etwas mystisch und Hypnotisierendes. Ich spannte also meine Muskeln ein paar Mal an, entspannte wie erwähnt - und entspannte noch mehr - und immer weiter – und entspannte mich so gut und so lange, bis meine Sitznachbarin mich am Ende der Stunde aufgeweckt hat. Vor lauter Entspannung war ich darüber hinaus eingeschlafen. Natürlich hatte mich somit der Sinn dieser Übung nicht erreicht, aber innerlich entspannt. Wie gesagt innerlich, denn äußerlich war dafür mein Nacken umso mehr verspannt. Jetzt galt es diesen erst mal wieder zu entspannen. Auch wenn ich den Zweck der Stunde damit verfehlt hatte, so durfte ich im Anschluss trotzdem an der alltäglichen Mittagessenstherapie teilnehmen. Und dann war ja auch noch die vorher schon beschriebene Badewanne! Auf die ich mich schon wie ein Kind freute, dem man mit einem Überraschungs- Ei vor der Nase rumfuchtelt.

Freizeitgestaltung als Therapie?

Aber sicher doch. Und die besten Therapeuten fand ich unter meinen Mitpatienten. Ich betone ausnahmsweise das Wort Patient, weil ich leider die Feststellung machen musste, dass viele von denen, die ich kennenlernen durfte, die Klinik mit einem Hotel verwechselten. Und somit eine Rehabilitationsmaßnahme mit einem Urlaub. Natürlich kann eine Reha-Klinik nicht mit einem Sternehotel verglichen werden. Trotzdem konnte ich für mich keinen Unterschied feststellen, weil all das war vorhanden, was nötig und für mich als Patient wirklich wichtig war.

Gewiss war das Gebäude schon etwas in die Jahre gekommen, aber man darf sich ruhig mal vor Augen halten wie viele „Gäste" pro Jahr in den letzten 100 Jahren hier schon durchgefüttert wurden. Davon abgesehen, brauchen wir für eine Reha, in der wir an unserer seelischen Baustelle arbeiten, wirklich einen Farbfernseher auf dem Zimmer? Muss permanent um einen herum etwas geschehen? Es gab Patienten, die kamen nicht damit klar, wenn sie einmal nicht von morgens bis abends durchgehend irgendeine Anwendung hatten. Verständlich, denn jeder hatte einen anderen Hintergrund warum er hier war. Für mich war es nicht wichtig, dass an manchen Tagen überhaupt nichts im Therapieplan stand. Ich fand das so absolut in Ordnung, denn bedingt durch die mir „verordnete Langeweile", habe ich wieder dazu zurückgefunden, mich mit mir selbst sinnvoll zu beschäftigen. Wie zum Beispiel mit Malen und Schreiben, oder sich nur über einen Vorgang einmal ganz bewusst ein paar Gedanken zu machen!

Selbstverständlich war auch ich zwischendurch in meinem ach so geliebten Internet. Es geht ja nicht mehr ohne! Nur jetzt mit dem Unterschied, gezielt und bewusst nur einen kleinen Teil meiner freien Zeit dafür zu verschwenden. In diesen Wochen hatte mir ganz ehrlich nicht einmal das Fernsehen gefehlt, was ich auf etwa eine Stunde insgesamt reduziert hatte. Bomben Attentat in Paris – diese schreckliche Nachricht hätte ich gerne eingetauscht gegen Bauer sucht Frau. Das hätte mich wenigsten innerlich nicht so aufgewühlt um im Anschluss dieser Nachricht darüber zu sinnieren, warum der Mensch geschaffen ist, sich selbst zu zerstören. Anstelle von Fernsehen durfte ich dafür vom sozialen Kontakt mit den anderen Mitpatienten profitieren.

Wir hatten alle unheimlich Spaß miteinander, wie zum Beispiel beim gemeinsamen Billard spielen am Abend, oder in der Kegelbahn. Auch die „Nix wie weg Therapie" stand bei uns hoch im Kurs. Das heißt: Therapie in Eigenregie, wenn keine anderen Anwendungen stattfanden. So wurden tatsächlich viele Ausflüge in die nähere Umgebung gemacht, von den Therapeuten bejahend unterstützt. Jetzt war ich froh, dass ich mein eigenes rauchfreies Auto dabeihatte. Denn nicht selten wurden um diejenigen, die ihr Auto dabeihatten, Fahrgemeinschaften gebildet und ich sitze nun mal nicht gerne in einem rollenden Aschenbecher. So wurde die herrliche Umgebung hier im südlichsten Teil vom Schwarzwald, mit all seinen freundlichen Menschen, erkundet. Wobei ich die Betonung wirklich auf freundlich legen muss, denn die Menschen hier im Markgräfler-Land scheinen die Ruhe gepachtet zu haben. Nirgends im ganzen Rhein-Eck war etwas von Hektik zu spüren. Verzeichnete bei mir die nun schon recht lange Erholungsphase erste Erfolge?

Es war Vorweihnachtszeit und es lockten die ganzen Weihnachtsmärkte in der Umgebung. Die ganzen Tage in letzter Zeit schien nun die wärmende Herbstsonne. Es war eher Altweibersommer denn Nikolaus. Nicht verwunderlich, dass das Glühweinangebot bei Temperaturen mit bis zu 18 Grad fast schon deplatziert erschien. Mir hat er allerdings noch nie geschmeckt, auch Kinderpunsch ist nichts für Papas Sohn. Es lag auch nicht am Alkohol bei den Ausflügen, dass ein fröhlicher und unbeschwerter Umgangston zwischen uns Patienten sich ausbreitete.

Den Umgangston, den wir auch innerhalb der Klinik untereinander pflegten, und der im stressgeplagten Alltag anscheinend vom Aussterben bedroht ist, empfand ich als sehr angenehm. Liegt das vielleicht am Wissen darüber, dass jeder von hier einen innerlichen Scherbenhaufen mit sich rumträgt, den es aufzuräumen gilt? Überhaupt Spaß, so viel gemeinsam Spaß zu haben, wie in der Zeit während meiner Reha, hatte (nicht nur) ich schon lange nicht mehr. Und das, obwohl wir uns eigentlich fremd waren und uns eben erst hier, vor nun schon ein paar Wochen in der Klinik, kennenlernen durften.

Wenn Anfangs Woche eine neue Gruppenkonstellation eintrudelte, wollte es der Brauch, dass die Gruppe der Vorwoche gemeinsam den Frischlingen einen Begrüßungsabend organisiert und ausrichtet. Material gab es gratis aus der Küche dafür. Manch einer hat dann noch eine Tüte Chips oder Erdnüsse dazu beigesteuert. Hoch im Kurs gehandelt waren Gummibärchen, die leider ebenfalls nicht in der Küche hergestellt wurden.

Aber das gemeinschaftliche Organisieren hat nicht nur Spaß gemacht, es stärkte auch das Gefühl des Zusammenhalts. Das hatte auch wahrscheinlich einen eher therapeutischen Hintergrund als es ein „Brauchtum" ist. Wie auch immer, an unserem Begrüßungsabend hatten sich ein paar Worte tief in mir eingeprägt: „Die besten Therapeuten in dieser Klinik findet ihr unter Euch (Patienten) selbst. Und da war etwas Wahres dran, das kann ich so voll unterschreiben.

Gemeinsam und miteinander. Lachen und Weinen. Das lag hier sehr eng beieinander und musste vom Einen oder Anderen erst wieder gelernt werden. Vielleicht fiel das hier insofern leichter, weil man sich bewusst war, hier im „Hotel Depri" einen Prozess zu durchlaufen. Einen Heilungsprozess. Immer wieder vorausgesetzt, man kann sich auf dieses „Spiel" einlassen und sich letztendlich an dem Ziel zu finden, auf was man sich anfangs festgelegt hatte. Mein Ziel war, meine innerliche Ruhe und Ausgeglichenheit wieder zu finden.

Ich möchte letztendlich wieder so nach Hause gehen, wie es vor Jahren abends nach einem ganz normalen Arbeitstag noch der Fall war.

Die ungewohnte Situation der auferlegten Ruhe während meiner Reha, hat mich letztendlich dazu veranlasst, aufzuschreiben was so alles um mich herum geschieht. Und so hatte ich bei jeder Gelegenheit mein Smartphone in der Hand, um es in diesen Wochen als Schreibmaschine zu missbrauchen. Jede Kleinigkeit wurde von mir manisch notiert. Eigentlich wollte ich nur eine witzige Geschichte in gereimter Form verfassen, über die (nicht) alltäglichen Vorkommnisse in einer Kur. Wie eine Art Tagebuch über - zum Beispiel mein verloren gegangener Therapieplan, ein lauter Furz in der Turnhalle während der Wirbelsäulengymnastik, oder der lustige Versprecher eines Therapeuten bei der Begrüßung. Das außergewöhnlich schöne warme Wetter, die herrliche Landschaft, in die das Klinikgelände eingebettet lag, die Ruhe und nur nette Menschen um mich herum, die mich mehr oder weniger verstanden haben – all das führte zu einer Art von Geborgenheit, was mich geradezu beflügelt hat, meine Gedanken in Worte umzusetzen und sie als Buchstaben nur so fließen zu lassen.

Ja - nur ein lustiges Gedicht wollte ich schreiben. Was ich dann aber letztendlich in einigen Abschnitten zu Papier brachte, lässt mich noch heute schaudern. Der einst so dicke Kloss in meinem Hals, er droht nicht mehr mich zu ersticken. Nur manchmal kratzt er noch etwas. Dann setze ich mich ganz schnell an meine „Schreibmaschine".

"Nackt und bloßgestellt"

5 Wochen in einer
Psychosomatischen Klinik

1. Die Ausgangslage

In letzter Zeit ist viel passiert,
viel mehr als ich bisher kapiert.
Der Boden fest auf dem ich stand,
sich nicht mehr unter mir befand.
Der mich sollt´ tragen durch mein Leben
um mir Sicherheit zu geben)
ist nicht mehr da und plötzlich weg
auf meinem sicheren Lebensweg.
Hab das Gefühl hier stimmt was nicht
und such´ im Dunkeln nach dem Licht

das jemand in mir ausgemacht.

Ich hör den Teufel wie er lacht:

„Hallo mein Sohn, jetzt hör einmal,

ich führ dich hin zum Abendmahl."

"Warum nur bitte lieber Tod,

bringst du mein Leben aus dem Lot?"

Vor Wochen noch mich stark gefühlt,

mich täglich durch den Job gewühlt,

von morgens sechs bis abends acht

und nur mein Chef darüber lacht

wie ich den Umsatz bring ihm rein –

nur: meine Familie passt nicht rein!

Auch nicht Sport, soziale Bande

dies in der Firma Unbekannte.

Es kam wie es war abzuwarten,

mein Körper mischte neu die Karten.

Ohne Joker, ohne Trumpf
wurden meine Sinne dumpf.
Wie aus der Luft so blitzschnell
war auch mein Kopf nicht mehr so hell.

Als hätte das Licht wer ausgeknipst,
den letzten Strom gleich mit stibitzt.
Als wie benommen aufgewacht
ich nach langer dunkler Nacht
musst völlig neu mich orientieren,
komplett mein Leben rekonstruieren.

Ich tat den Schritt, es war nicht leicht,
den Strohhalm griff der mir gereicht.
Und weinend, lachend ohne Mimik,
begab ich mich in diese Klinik.

Die Ankunft

Vor Kurzem erst hier angekommen,
von meiner Fahrt noch ganz benommen,
gleich beim Empfang mich angemeldet
und SMS nach Haus gesendet.
Im Gefühl etwas frustriert
weil ich nicht wusst´ was hier passiert.
Dazu im Magen Rebellion
weil nichts bekam seit Frühstück schon.

Auf der Station dann angekommen
wurde ich sogleich vernommen.
Doch stand auf meiner Stirn zu lesen:
hab schon seit früh nichts mehr
gegessen.
Den Speisesaal noch nicht gesehen,
um mich wär's beinahe geschehen.

Nicht dass ihr denkt ich fresse

stündlich

in meinem Alter isst man um 12e -

pünktlich.

Das Fräulein hat das wohl gefühlt,

denn bevor sie mich im Detail

durchwühlt

mich schnell zum Speisesaal hin schickte

dort ich die letzte Nudel kriegte.

So ging es mir dann wieder gut

ich fühlte mächtig Leistungsschub.

Nun ließ ich mich auch gern vernehmen

auf der Station beim Kennenlernen.

Aller Unmut war verflogen

auch das Zimmer schnell bezogen.

Die Hausordnung schnell überflogen

genau studiert wär glatt verlogen.

Der Therapie Plan, diese Wunder Tüte
rief nämlich schon zur Arzt Visite.
Der hat mich dann genau studiert,
weil er es ist der mich kuriert.
Prüft Reflexe, horcht in mich rein
es könnte was Verstecktes sein.
Wer mich nun kennt der würde sagen:
„Wie kann dieser Mensch es wagen?"
Verschreibt mir viel und noch mehr Sport
an frischer Luft an diesem Ort.
Wobei am Berg hier ist die Luft
doch viel zu dünn, Mensch!
Dieser Schuft.
Doch hab begonnen dieses Spiel
will ich erreichen auch das Ziel.

Vorbei Visite und alsdann
stand ein Rundgang im Programm.

Ein Therapeut sich vorgestellt

erklärte uns die Klinik Welt.

So trafen wir Neuen zu später Stunde

uns zur kleinen Kennelern-Runde.

Wir stellen uns vor mit unseren Namen

im kleinen und intimen Rahmen.

Wobei intim nicht ganz richtig ist

aber was ich meine ihr sicher wisst.

Benimm Regeln und was noch

dazu gehört

wurde uns freundlich und

sachlich erklärt.

Auch was es sonst noch gibt am Ort

erzähl ich hier mit kurzem Wort.

Es gibt Dart und Tennis und Billard

Tisch

ein Schwimmbad in den man sich

fühlt wie ein Fisch.

Ein Dark- Room in dem der TV steht

von wo aus entlang er zur Tee Küche

geht.

Auch Waschmaschine und

Trockenautomat,

eben alles was man auch zu Hause hat.

Beim Anblick des Staubsaugers

da hab ich gestutzt,

wurd´ eben noch erklärt:

„Hier wird man geputzt".

Grammatikalisch den Satz noch

einmal zerlegt

er letzte Zweifel vom Tische fegt.

Während draußen glüht noch Abendrot

roch´s drinnen schon nach Abendbrot.

Der Rundgang hier zu Ende war

und alle fanden es wunderbar.

Herzlich wurden wir aufgenommen,

ich glaub auch ich bin angekommen.

3. Die Untersuchung

Lange war die erste Nacht,

fühlt´ als hätte ich durchgemacht.

Die Matratze die ist gut

doch hab aufs Kissen ich ´ne Wut.

Gefüllt mit Zement muss´ es wohl sein,

was mich hinderte am Schlafen ein.

So wälzte ich mich die ganze Nacht,

das blöde Ding mich fast umgebracht.

Gestern Abend noch frohgemut

ging's meinem Nacken heut gar nicht

gut.

Heut Morgen dann oh welche Wonne,

saß ich zum Schreiben in der Sonne.

Die hat mich wieder hingerichtet,

ich auf die Schnelle hingedichtet.

Ach du Schande, welch Verdruss,

schreib: „hingerichtet" - so ein Stuss.

Noch hab ich 5 Minuten hier,

bin halb vertrocknet, ohne Bier

Werd im Gesicht nun schon ganz bleich

weil EKG das gibt es gleich.

So komm ich bei der Ärztin an,

bin auch gleich als nächster dran.

Sie macht mich nackig wie ein Fisch

Und legt mich flach auf ihren Tisch.

(10 min. später)

Und wieder mal ist es gescheh´n,

geliebtes Brusthaar auf Wiedersehen.

Vorbei der Traum vom Waschbär Bauch.

Ok, so ein Six-Pack der tut es auch.

Doch ist es viel zu weit dahin,

ich bleibe lieber wie ich bin.

Um 16:00 Uhr ist Wanderung,

ich glaub da komm ich nicht drum rum.

Hinter her hab ich gemerkt,

etwas Bewegung ist nicht verkehrt.

Schön war's gewesen, hat gutgetan,

ich glaub das pack ich noch einmal an.

War auch im Rahmen mit 'ner Stunde

durch den Wald die kleine Runde.

Kein Problem mit Schweinehund

ich glaub ich werd' hier noch gesund.

So neigt sich wieder mal der Tag

und er als Abend kommen mag.

Eine Begrüßung steht im Programm,

von der ich morgen berichten kann.

4. Der Morgen danach

Bis in die Nacht sind wir gesessen,

es gab Nüsse und auch Keks zu essen.

Jeder stellt sich vor mit Namen,

die Männer ebenso wie Damen.

Woher man kommt und was man macht

und dabei wurde viel gelacht.

Weil Lachen ist ja so gesund

kommt es von Herzen aus dem Mund.

Die erste Scheu war überwunden

und so vergingen schnell die Stunden.

Pünktlich um Zehn wurde

Schluss gemacht

sonst säßen wir noch bis Mitternacht.

Zähne putzen, Bart noch stutzen,

ab ins Bett, der 2. Tag war richtig nett.

Doch schreib ich heute schon Tag drei

und mit der Ruhe ist's vorbei.

Gleich nach dem Frühstück

um halb acht,

das ist kurz nach Mitternacht,

traf man sich zum ersten Laufen.

Ich dacht´ an Markt - Gemüse kaufen.

Das war wohl falsch, hab's

gleich kapiert,

es wird heut in den Wald marschiert.

Macht böse Mine zum guten Spiel,

fit zu werden ist mein Ziel.

Weil auf dem Plan heut Walking stand,

sind alle pünktlich losgerannt.

Auch ich hab daran teil genommen

und bin im Rudel mit geschwommen.

Nach einer Stunde, der Schreck war groß,

wo ist mein Therapie Plan bloß?

Beim Abmarsch in der Hose steckte

ich ihn jetzt nirgendwo entdeckte.

So durfte ich bergab, bergauf

zurück nochmal im Dauerlauf.

Eine extra Portion Gesundheit kaufen

tat ich zu Beginn mir so

schwer erlaufen.

War völlig platt und dehydriert,

den Sinn des Laufens aber

schnell kapiert.

Jacobsen verspricht Entspannung pur

stellt sich für mich die Frage nur:

„Was macht man da in diesem Kreis?"

Ich bin dabei um jeden Preis -

weil: hier wird man nicht

wie sonst gequält,

mit ruhiger Stimme wird erzählt.

Konzentration lenkt man nach drinnen,

fühlt die Muskeln mal von innen.

Ich hab da wohl zu viel gemacht

nicht weiter drüber nachgedacht,

hab geistig in mir viel entdeckt,

bis der Nachbar mich geweckt.

An Stelle von Liebe, Leben, Vino,

gab es am Mittag großes Kino.

Soziales Thema war angesagt,

ich glaub´ nicht bei allen so gefragt.

Trotzdem machte ich da mit,

war aber nicht der große Hit.

Trotzdem, man nimmt Information

wenn es sie gratis gibt dann schon.

5. Up and down

Tag vier hat heute gut begonnen

Gedanken von gestern sind

längst zerronnen.

Beim Frühstück sitzen alle da,

der Willi, Franz und Barbara.

Man sieht es nicht in den Gesichtern

was sie verbergen an Geschichten.

Doch sind sie scheinbar alle fröhlich,

„Bin es nur ich, der hier so töricht?"

dem innerlich etwas zerbrochen

dabei den Braten nicht gerochen.

Der fünf vor Zwölf erst mitbekommen

wie aus dem Leben Stücke entnommen!

Wie ein Karussell das sich

dreht und dreht

und unseren Kreislauf so bewegt.

Mein Wunsch ist hier etwas zu finden,

diesen Kreislauf zu unterbinden.

Die Stunde nennt sich Therapie,

etwas kannt´ ich bisher nie.

Vorher haben wir noch gelacht,

nicht weiter drüber nachgedacht

schon sitzen wir im Kreise,

begeben uns auf Seelen Reise.

Was Innen schmerzt wird raus gekehrt

und gemeinsam aufgeklärt.

Tränen fließen noch und nöcher

und reißen in uns tiefe Löcher

Auch ich bin davor nicht gefeit

vertrau´ jedoch dem Therapeut´

der mich **Nackt und bloßgestellt**,

in meiner gar nicht heilen Welt.

6. Bla bla bla und Sport und . . .

Auf dem Programm da stand ein Vortrag,

der ähnlich war wie der am Vortag

Die Neuen die dazu gekommen

wurden auch gleich mitgenommen.

Als hätt´ den Braten ich gerochen,

der Chef hat heute selbst gesprochen

und fand es völlig klar,

dass wir waren alle da.

Erklärt wurd´ uns was hier so läuft,

dass niemand heimlich Bierchen säuft.

Auch Rauchen ist hier fehl am Platz

wer erwischt wird fliegt ratzfatz.

So wenig spannend wie die Bibel

zitiert er aus der Klinik Fibel.

Pünktlich dann wie jeden Tag

es unser Mittagessen gab.

Und ohne Gnade froh und heiter,

ging's in der Folter Kammer weiter.

Geräte wurden uns erklärt,

zum Beispiel wie man Fahrrad fährt.

Wie auf dem Ding man richtig sitzt,

und durch alle Poren schwitzt.

Am Abend hab ich's dann probiert,

und hab alleine dort trainiert.

Beim Abendmahl zu viel gegessen

zu schnell auf's Fahrrad drauf gesessen.

Musst mich entschuldigen Kreideweiß

denn wie ein jeder von uns weiß,

gibt jedes noch so kleine Böhnchen

ein herrlich rundes, sattes Tönchen.

Drum liebe Leute tut's registrieren

das könnt´ jedem so passieren.

7. Das Wannenbad

Leben wie in Saus und Braus,
die Klinik Welt sieht für mich aus.
Des morgens früh wird aufgewacht,
nicht weiter drüber nachgedacht
Schon steht das Frühstück angerichtet.
Toll wie sich das heute dichtet.
Da mache ich doch froh und heiter
mit dem Schreiben einfach weiter.
Vielleicht wird daraus mal ein Buch?
Also mach ich den Versuch.

Beim Frühstück sind wir
steh'n geblieben,
ich sage jetzt nicht übertrieben.
Brot, Wurst, Käse, ach wie prächtig -
danach geht's walken - ja das rächt sich.

Wärme heißt die Therapie,

die ich kannte vorher nie.

Zum Physio Raum ich lief hinüber,

vom Speisesaal schräg gegenüber

Ein Mann mit Handtuch wartet schon,

„Was kommt denn jetzt, Hallo, pardon?"

Er führt mich hin zu einem Raum,

was auf mich wartet glaubt man kaum.

Hinter'm Vorhang abgedunkelt,

ich höre schon: es wird gemunkelt!

Da steht doch in der kleinen Kammer

für mich ein Schaumbad,

es ist der Hammer.

Also mach ich schnell mich nackig,

ab ins Wasser, husch, husch und zackig.

Ich schließ die Augen, oh wie fein,

jetzt fehlt nur noch ein Gläschen Wein.

Fast tut's den Verstand mir rauben,

kann das noch immer gar nicht glauben

ich fühl mich wie 1001e Nacht.

Hab auch nicht weiter nachgedacht

denn ich bin doch immerhin

hier in einer Klinik drin.

Doch realisiere ich sogleich,

meine Gedanken werden weich

und schweifen ab mit aller Macht

vom Alltag der mich hergebracht.

8. Erstes Wochenende

Wochenend´ steht vor der Tür,

die Frage nur: Was macht man hier?

Mach ich Sport? - Nee- Sport ist Mord

Oder geh ich etwa Essen?

Das kannst du heute auch vergessen.

Obwohl heut gibt's das Allerbeste

von der ganzen Woche Reste.

Zum Eintopf alles aufgebrüht,

da hat der Koch sich reingekniet.

Dann nach dem Essen, kurz nach

Mittag

ging's mit dem Bus hinab nach Lörrach.

Ausgestiegen in der Stadt

schaut ich mich um - was es dort hat.

Wurd´ fündig hinterm ersten Türchen

wo wartet schon ein kühles Bierchen.

Von dem wurd´ ich auch nicht besoffen,

bin noch drei Stunden rum geloffen

durch's Gedränge auf den Straßen,

nicht viel ruhiger in Seiten Gassen.

Mir wurde richtig Angst und Bang:

„Ist morgen schon etwa Weltuntergang?"

Froh war ich zurück am Bus,

adieu du Hektik, Ende Schluss.

Der Sonntag heut war ganz okay

und ging so auch recht schnell vorbei.

Essen, Essen nochmal Essen,

hab darüber völlig Sport vergessen.

Ein Schwätzchen da,

ein Schwätzchen hier

und schwupp di wupp

war schon halb Vier.

Die Themen dies und das und einfach so.

Stets interessant und von Niveau.

9. Montag

Schon sehr früh zum Wiegen

ging's kurz nach Mitternacht um 7.

Ob Vollkost oder reduziert,

mein Bäuchlein hat's noch nicht kapiert.

Es bleibt mit treu und kugelrund,

Hauptsache aber: Ich bin gesund.

So motiviert macht´ ich als dann,

ans Frühstück Buffet mich heran.

Danach, man tut ja was man kann,

stand „Nordic Walking" im Programm.

Das gibt´s im Laden nicht zu kaufen,

und ist so was wie Rudel Laufen.

Man trifft sich frisch wie wunderbar,

im Jogging Dress in großer Schar.

Ich lauf da gerne hinter her,

weil ich finde sieht man mehr.

Und all die eilig war'n voraus

müssen warten auf den Klaus.

Denn „Walking" heißt

bei mir nicht Sprint,

„Mensch - das weiß ja jedes Kind.

In der Klinik angekommen,

von frischer Luft noch ganz benommen

merk ich wie ich mächtig schwitze,

es tropft nur so aus jeder Ritze.

Die Luft ist aus mir komplett raus,

jetzt müsst´ ich auf die Waage drauf.

Bin so um einiges erleichtert,

ob's um ein Kilogramm gereicht hat?

Als hätt' ich nicht genug getan,

stand Gymnastik auf dem Plan.

Es hat mir sehr viel Spaß gemacht,

das hätt´ ich von mir nie gedacht.

Hab gemerkt bin noch sehr steif,

zur Fitness Queen noch lang nicht reif.

Rumgehopst im Rhythmus
wo jeder von uns mitmuss.
Erst hoch das Bein, die Arme noch,
im T-Shirt unterm Arm ein Loch.
Das habe ich dann gleich bemerkt
jedoch war es schon viel zu spät.
So konnte es ein jeder sehen,
was soll's, es war ja schon geschehen.

Als hätt' den Braten ich gerochen,
wurd' mittags dieser Tag gebrochen.
Vom Hirsch das Goulasch war sehr fein,
ich kriegte auch 'ne Menge rein.
Zur Reduzierung dieser Massen,
hab' ich den Salat weggelassen.
Danach ging es zur Therapie,
dort ging's zur Sache wie noch nie.
Psychologie die Stunde hieß.

Die ich als bald dann auch verließ,

im Nachhinein ich kann´s nicht

glauben,

mit dicken Tränen in den Augen.

Ein fetter Kloss im Halse steckt´,

den ich zuvor hat´ nicht entdeckt.

Was dort besprochen in der Runde,

nichts davon dringt aus meinem

Munde.

Im Anschluss an der Kaffeebar

gab es Espresso wunderbar.

Der hat mich wieder aufgestellt.

Wie schön ist doch der Klinik Welt.

10. Schon wiiiieder Sport

Ich war beim Sport man glaubt es kaum,
heute im Gymnastik Raum.
Wie nach Jerusalem die Reise
so standen wir im großen Kreise.
Weit und lange wir uns steckten -
so neue Muskeln wir entdeckten.
Auch Bodenturnen war gefragt,
es dafür extra Matten gab.
Auf die wir uns dann legten
und auf Kommando los bewegten.
Als ein lauter Furz ertönte
und durch die stille Halle dröhnte.
Fazit: wenn Muskeln spannen
kannst nichts machen,
dafür haben andre was zu lachen.
MTT, auch Folter Kammer

entlockt manch einem großen Jammer.

Schweres Schnaufen und auch pusten

wo Marlboro sorgt für den Husten.

Man hebt Gewichte, senkt sie nieder

auf und ab und immer wieder.

Man tut schwitzen, riechen, stinken,

dazwischen viel, viel Wasser trinken.

Der Coach sagt: "Davon wirst du fit"

nur krieg' ich davon noch nichts mit.

Hab das Gefühl ich werd' gequält

und das dem Trainer noch gefällt.

Doch bin ich nun erst einmal hier,

Verzicht auf Whisky, Wein und Bier

Noch einmal will die Kurve kriegen

das geht nun einmal nicht im Liegen.

Das sehe ich auch wirklich ein,

vertreib sofort mein inneres Schwein.

11. Halbzeit

Einmal auf und einmal nieder,

spiegelt sich mein Leben wieder

An diesem wundersamen Ort

wo tief wird in mich rein gebohrt.

In meine Seele und mein Herz,

wo sitzt ein unbekannter Schmerz.

Einmal hoch und einmal tief,

irgendwas läuft hier noch schief.

Ein Gefühl mir unbekannt

was mich innerlich entmannt.

Will doch die starke Schulter sein

für Frau und Kind und Enkel klein.

Wie schwach die Schulter ist geworden,

anstelle Kraft macht die mir Sorgen.

Wie kann DIE denn noch Stütze sein,

fällt sie von innen völlig ein?

Bin nun mal in der Klinik hier

und such die Ruhe tief in mir.

Kann Gedanken kreisen lassen,

versuche es ins Wort zu fassen

was mich brachte bis hier hin.

An den Ort wo ich nun bin.

Tief in mir drinnen eingebrochen

verbringe ich schon ein paar Wochen.

Noch fehlt mir eine Übersicht

um zu beenden die Geschicht'.

Hoffnungsschimmer auch genannt

aus der Welt in die ich rannt'.

Mit Vollgas durch das Arbeitsleben,

dafür alles aufgegeben.

Bade Wetter „oh wie schön",

ich nur noch auf Papier geseh'n.

Immer vorwärts, Augen zu

ohne Rast und ohne Ruh,

weil ruhen bringt kein Geld.

Wie traurig doch ist diese Welt.

Vierzehn Tage Sonnenschein

und von zu Hause weg allein.

Erhoff´ mir neuen Schub nach vorn

in die triste Alltags Norm.

Auszubrechen aus dem Leben

was uns von oben vorgegeben.

Zieh' ich für mich das Beste raus

zu kommen wieder fit nach Haus.

Geh ich auch nicht mehr auf die Pirsch,

weil ich derweil ein alter Hirsch.

Will keine großen Sprünge machen.

Stattdessen aber wieder lachen.

12. Ausflug nach Freiburg

Heut ist ein besond´rer Tag,
ein Ausflug führt mich in die Stadt.
Der Klinik Bus, der fährt uns fort
nach Freiburg, so heißt dieser Ort.
Der Regen Gott nicht gut gesonnen,
füllt derweil die Regen Tonnen.
Was mach ich nur an so 'nem Tage,
stell ich mir gerad die Frage.

Auf Schuster's Rappen macht
kein Spaß,
dafür ist es viel zu nass.
Soll ich mir die Stadt erlaufen
und dabei vielleicht ersaufen?
Ich sammle mich und gehe in mich
und schaue nach: „Wo bin ich?"

Aha, hier war ich schon einmal,

dort vorn ist das Café Journal.

Sogleich setzt´ ich mich dort hinein,

ließ draußen Regen „Regen" sein.

Gut besucht, ganz schön was los,

das finde ich ja grandios.

Weil Menschen ich beobacht' gern

in meiner Nähe und auch fern.

Bestellt Espresso mir so dann

und einen Whisky, bin ja Mann.

Las nebenbei das Blatt vom Tage,

möchte mich ja bilden, keine Frage

und während ich so las die Zeitung

war die Zeit recht schnelle um.

Wär's nicht so ich müsste lügen,

ich genoss in vollen Zügen.

So saß ich eine Weile hier,

bracht´ neue Zeilen zu Papier.

Wie schön könnt doch das Leben sein,

nur: der Klinik Bus fährt heim.

Dem habe ich mich hingegeben,

für die Arbeit an mein'm Leben.

Doch der Ausflug tat mir gut,

ich spür direkt den neuen Mut.

So sitze ich in diesem Bus,

beschließ' den Tag noch mit Genuss.

Draußen sinkt die Sonne nieder

Freiburg warte, ich komm wieder.

13. Kunst Therapie

Zwei Mal die Woche Kunst Therapie,

das ist was, ich kann't vorher nie.

Ob Pinsel, Knete oder Stein,

ich frag mich: „Für was soll das sein?"

Nehm ich Ton in meine Finger

werden schmutzig diese Dinger.

Steine sind mir viel zu schwer

also lass ich's bitte sehr.

Falten von Papier

liegt auch nicht wirklich mir.

Entschieden hab´ ich mich für Malen.

Vielleicht geh' ich ein in die Annalen

der großen Künstler Kreise

die längst im Jenseits sind auf Reise.

Zig Blatt Papier hab´ ich verbraucht

bevor mir hat mein Kopf geraucht.

Heraus gekommen ist also ein Bild

mit vielen Strichen so richtig wild.

Hab mich gefühlt wie einst Picasso,

(auch der lebt heut schon anderswo)

weil ich hab nur mein lebenslänglich.

Ein Bild jedoch bleibt unvergänglich.

Auf einmal sehe ich den Sinn,

im Bild bleibt meine Seele drin.

14. Besuch von zu Hause

Heute war ein schöner Tag,

an den noch lang ich denken mag.

Zu meiner Freude oh wie schön, konnt'

meine Frau ich wieder seh'n.

Zu Besuch ist sie gekommen,

ich war vor Freude wie benommen.

Wie betrunken ich mich fühlte,

als dieses Glück tief in mir wühlte.

Wo vorher große Leere war,

egal ich fühlt' mich wunderbar.

Ein Stück zu Hause in der Ferne-
sag mir wer hat das nicht gerne?
So sind wir sonntags Hand in Hand
durch den schwarzen Wald gerannt.
Denn Laufen hat mir der
Arzt verschrieben
sonst hätten wir eben was
andres getrieben.
Ich weiß schon was jetzt alle denken,
doch hüte ich mich dies zu lenken,
derweil es ist mir einerlei.
Gedanken sind nun einmal frei.

15. Im Speisesaal

Noch ist der Speisesaal geschlossen,
kommt der Günter angeschossen.
Es ist ihm sichtlich an zu sehen

kann Essen er nicht widerstehen.

Obwohl noch Reste in ihm drin

rollt er zuerst ans Buffet hin.

Kommt völlig außer Rand und Band,

füllt sich den Teller bis zum Rand.

Hinterm Tresen wie bei Mutter,

wird verteilt für uns das Futter.

Der Koch in weiß gekleidet schick,

vom Probieren etwas dick.

Fleisch, Gemüse allerlei,

für jeden ist etwas dabei.

Einsam steht die Suppe da,

obwohl sie wär´ für alle da.

Zum Frühstück Honig, frische Butter

und Marmelade mit viel Zucker.

Es gibt eine lange Kaffee Bar,

auch Tee und Milch - ist alles da.

Gedämpftes Murmeln, mit

dem Kopf nicken,

während andre Socken stricken.

Die Einen hechten nach Salat,

der Andre keine Suppe mag.

Mein Nachbar dort am andern Tisch

z. B. isst nicht toten Fisch.

"Viel Fleisch auf meinem Teller,

da wachsen Muskeln schneller"

so sagt der Erwin neben an.

Dabei ist gar nichts Wahres dran.

Für Karl der Kaffee heut´ zu stark,

obwohl er sonst den Kaffee mag.

Für Eva ist er viel zu dünn,

"Wo ist denn nur die Bohne hin?"

Sagt sie lächelnd neben her,

bestellt sich gleich noch einen mehr.

Spitz bemerkt Frau Wald:

"Ich glaub der Koch, der ist verknallt.

Weil zu viel ist Salz ist in der Suppe".

Da stimme ich ihr zu, der Puppe

weil von Figur sie ist sehr schmächtig.

Dafür umso mehr gesprächig!

Frau Müller Piependings, die Dame,

beim Sport ist stets die Oberlahme

ist heut Erste beim Dessert.

Bei Pudding ist sie nie zu spät.

Spätestens dann an Montagmorgen,

plagen mich die ersten Sorgen.

Denn das, was ich vom Buffet mag -

hat keinen Platz mehr auf der Waag'.

16. Weihnachtsmarkt

Samstag war ein schöner Tag,

in Stauffen war ein Weihnachtsmarkt.

Weil frühlingshaft die Sonne schien,

dacht´ ich mir: "da fahr ich hin.

Dort soll Nikolaus heut kommen

zu Menschen die sich gut benommen

haben; wie auch ich in diesem Jahr.

Auch Kinder finden ´s wunderbar.

Hab lang nach Parkplatz erst gesucht

den ich zuvor hab nicht gebucht

Das hätt ich besser gleich gemacht

weil irgendwann wird ja mal Nacht

und die Klinik, die schließt zu.

Auch kranke Schwestern woll'n mal Ruh.

Zu guter Letzt, ich wurde fündig,

parkt mein Auto kurz und bündig,

und kam schnell zu diesem Schluss:

Ne halbe Stunde braucht's zu Fuß.

Bin dann endlich dort am Ziel,

mitten im Weihnachtsmarkt Gewühl.

So steh ich drin in diesen Massen,

Menschen, Hund und Suppen Tassen,

Glühwein, Punsch und Krempel Kunst,

von der ich habe keinen Dunst.

So ließ ich mich durchs

Städtchen schieben

wo Fremde sich an mir gerieben.

In der Nase viele Düfte,

die so schwebten durch die Lüfte.

Bratwurst, Punsch und Marzipan,

ich gebe zu, die machten an.

Das Wasser lief in meinem Munde

zusammen über eine Stunde.

Wie gern hätt´ ich ´ne Wurst gegessen,

hätt´ ich nicht mein Geld vergessen.

Das in der Klinik lag verschlossen.

Dieses Tor hab´ ich verschossen!

17. Therapie Stunde

Depressionsbewältigung - welch Wort,
ist Therapie an diesem Ort.
Weiß nicht genau was soll ich machen.
Soll ich hier weinen oder lachen.
Mit fester Stimme wird erzählt,
von dem was uns fast alle quält.
Viel von dem hab ich vernommen,
versucht auch immer mit zu kommen.
Manchmal tat der Kopf mir rauchen,
von: Was wir können und was wir
brauchen.
Überzeugt wird dargestellt
wie uns betrügt die halbe Welt.
Zur Kenntnisnahme schön und gut,
was hilft's hab ich im Bauch die Wut

Und mach´ anscheinend alles richtig!

Das zu sagen ist mir wichtig.

Nur die's betrifft sind nicht im Saal

wenn ich erzähl von meiner Qual.

Ich fühl mich weiterhin verlassen,

war früher doch meist sehr gelassen!

Stress ging an mir nur so vorbei,

auch Überstunden - pah...einerlei!!

Den Finger stets ich hingegeben

bezahlt´ nun fast mit meinen Leben.

Depression – was ist denn das,

ich dachte erst mein Arzt macht Spaß.

nun: die Erklärung such ich hier

in ein paar Wochen Therapie.

Noch fühle ich mich weit entfernt

von dem was ich bisher gelernt.

Nur einem stimm´ ich bisher zu,

so langsam krieg ich in mir Ruh´.

Mein Weg wird lange und beschwerlich

erkenn auch ich inzwischen. Ehrlich!

18. Das Ende naht

Das Ende kommt ich spür´ es genau,

doch sind die Tage noch sehr grau.

Es ist wie Nebel vor der Tür

trotz der Sonne über mir.

Die lässt ihr warmes Licht mich spüren,

versucht auch mich zu animieren.

Doch weiß ich sicher und genau;

Nicht immer ist der Himmel blau.

In einer Kur ist lang die Nacht,

länger als ich je gedacht.

Früh muss man zu Bette geh'n,

darf erst um sieben aufersteh´n

Das kann ja noch heiter werden,

komm ich zurück ins wahre Leben.

Wenn es abends heißt um zehn:

"Um Fünf Uhr auf der Matte steh'n

und halten bis zum Abend durch."

Stets froh gelaunt und ohne Fluch.

Immer brav und treu ergeben,

so schreibt es vor das Arbeitsleben.

So geht es weiter Jahr ein, Jahr aus

bis eines Tages der Ofen aus.

Nur Asche bleibt auf dem Schafott

übrig von dem Vollidiot.

Doch HALT ich bin noch nicht

am Ende

Hab angenommen diese Hände

die sich mir entgegen reckten

und aus der Kliniktür sich streckten.

Bereit sie an der Hand zu fassen

mein altes Leben dafür lassen.

Mit Zuversicht und ohne Zorn

Hab ich gelernt zu schau´n nach vorn.

Zu Hause wieder angekommen

alles ist noch leicht verschwommen.

Vermiss die Freunde, die gewonnen

so schnell wie sie gekommen

in die heile Klinik Welt,

mir dort den dunklen Tag erhellt.

Zusammen haben wir geweint, gelacht,

viel übers Leben nachgedacht.

Graue Tage sind passé,

zu diesen sagen wir „Adieu".

Nur Tage für uns wunderschön,

die wollen wir in Zukunft seh´n.

Nachtrag

Fast ein Jahr ist es nun her,
der Therapeut braucht mich nicht
mehr.
Für seinen Lebensunterhalt
sorgen andre Menschen bald.
Für die ich meine Daumen drück,
auf dass auch sie sind bald zurück
in einer Linie mit dem Leben,
bevor es wird gleich aufgegeben.
Ein starker Wille muss es sein,
zu halten seine Sorgen klein.
Ich weiß, es ist so leicht gesagt
wird man von Depression geplagt.
Kaum ein Mensch es je versteht,
was eine Depression bewegt.

Offensichtlich putz und munter

haut´s dich danach gleich

wieder runter.

Kannst dich selbst nicht mehr leiden,

dies alles lässt sich nicht vermeiden.

So sehr wie du auch kämpfst

und machst,

fröhlich bist und auch viel lachst,

gegen dich hast keine Chance,

bewegst dich beinah wie in Trance.

Unsichtbar und höllisch kräftig,

wirkt die Krankheit äußerst heftig.

Ich glaube, ich hab nur Glück gehabt,

und fühl mich besser Tag um Tag.

Bin zurück im alten Leben,

was beinah ich hätt´ aufgegeben.

Innerlich bin ausgeglichen,

was vorher farblos und verblichen.

Alle Tage die jetzt neu,

und auf die ich mich nun freu,

für die hätt´ vorher was gegeben,

sie zu streichen aus dem Leben.

Ich sehe Licht am Horizont,

wie es mir entgegenkommt.

Ich halt es fest, ganz instinktiv

und spür, es stimmt mich positiv.

Nur noch Momente zieh´n mich runter.

Obwohl nach außen ich wirke munter,

und offensichtlich mit Elan

ich steh im Leben wie ein Mann.

Doch sieht man stets nur mein Gesicht,

und nie mein inneres, zweites Ich.

So hab begonnen ich zu lesen,

über „Was" mit mir gewesen.

Gute Bücher, meist in Englisch,

und andere mit viel Fachchinesisch.

Das, was ich suchte, fand ich nicht,

einfach verständlich, und ganz schlicht.

Und so beschloss ich, schreib ein Buch

und wage somit den Versuch,

neue Wege zu beschreiten

die in Zukunft mich begleiten.

Inzwischen schreibe ich sehr viel,

das Buch zu schreiben nun mein Ziel.

Hab nicht mehr lange nachgedacht,

das krieg ich hin, wär´ doch gelacht.

Erst schrieb ich 1, dann 2, dann drei

an Nummer 4 bin grad dabei.

Hab bemerkt, das macht mir Spaß,

und gebe jetzt so richtig Gas.

Beruflich mich um - orientiert,

wird der Tag neu organisiert.

Vorhersehbar war das so nie.

Die Folgen (m)einer Therapie.

Willst du im Leben was erreichen,

so deute auch die kleinsten Zeichen.

Die von wo anders dir gegeben,

dich so begleiten durch dein Leben.

Vielen Dank an die Klinik, den Ärzten und Therapeuten. Ebenso all den Patienten die ich kennen lernen durfte und die vermutlich gar nicht wissen, wie sehr auch sie mir geholfen haben.

In gewöhnlicher, einfacher Umgangssprache alles gut durcheinandergeschüttelt und in Reim-Form gefasst, ist es nicht ausgeschlossen, dass sich der eine oder andere selber in einer der Kurzgeschichten zu erkennen glaubt. Bei diesen Beobachtungen aus dem Alltag.

Ein simples Gedicht zum Geburtstag, oder fast schon intime und persönliche Eindrücke über ein Blind-Date, die Liebe und den Alltag generell. Humorvoll und stets mit einem ordentlichen Schuss Selbstironie.

Erhältlich bei
Verlag: tredition GmbH, Hamburg

ISBN
978-3-7345-0971-1 (Paperback)
978-3-7345-0972-8 (Hardcover)
978-3-7345-0980-3 (e-Book)

Der kleine Stephan sollte, eigentlich wie immer am Montagmorgen zur Schule gehen. Eigentlich – aber heute hatte er einfach keine Lust dazu. So hat er sich etwas ganz Besonderes einfallen lassen. So dachte er zumindest! Eine Kurzgeschichte für Schulanfänger.

Zu bestellen bei:
Verlag: tredition GmbH, Hamburg

ISBN
978-3-7345-1553-8 (Paperback)
978-3-7345-1554-5 (Hardcover)
978-3-7345-1555-2 (e-Book)

Dort zu leben wo andere ihren Urlaub verbringen. Mit humorvollen Kurzgeschichten aus dem Alltag entführt Sie der Autor in seine bezaubernde **Heimat** an den Bodensee.

Stets mit einem Augenzwinkern, aber auch Mal gnadenlos mit dem leicht erhobenen Zeigefinger. Geschichten, die sich eigentlich überall in der Welt genauso zutragen könnten.

Erhältlich bei Verlag: tredition GmbH, Hamburg

www.tredition.de

ISBN

978-3-7345-3886-5   (Paperback)
978-3-7345-3887-2   (Hardcover)
978-3-7345-3910-7   (e-Book)

Zeitfracht Medien GmbH
Ferdinand-Jühlke-Straße 7
99095 Erfurt, Deutschland
produktsicherheit@kolibri360.de